新完全掌握
日语能力考试

N3汉字词汇
考前冲刺

[日]本田由佳里（本田ゆかり）　前坊香菜子（前坊香菜子）

菅原裕子（菅原裕子）　关裕子（関裕子）　著

李星 译

考前刷题必备
日本最新出版

北京语言大学出版社
BEIJING LANGUAGE AND CULTURE
UNIVERSITY PRESS

社图号22113

JLPT Moji・Goi N 3 Pointo & Purakutisu
©2021 by HONDA Yukari, MAEBO Kanako, SUGAWARA Yuko, and SEKI Yuko
PUBLISHED WITH KIND PERMISSION OF 3A CORPORATION, TOKYO, JAPAN

著者　本田ゆかり　前坊香菜子　菅原裕子　関裕子　イラスト　広野りお

北京市版权局著作权合同登记号 图字：01-2021-4563

图书在版编目（CIP）数据

新完全掌握日语能力考试 N3 汉字词汇考前冲刺 /
（日）本田由佳里等著；李星译 . --北京：北京语言大
学出版社，2023.1
　　ISBN 978-7-5619-6170-4

　　Ⅰ.①新…　Ⅱ.①本…　②李…　Ⅲ.①日语－词汇－
水平考试－自学参考资料　Ⅳ.① H363

中国版本图书馆 CIP 数据核字（2022）第 183246 号

新完全掌握日语能力考试 N3 汉字词汇考前冲刺
XIN WANQUAN ZHANGWO RIYU NENGLI KAOSHI N3 HANZI CIHUI KAO QIAN CHONGCI

责任编辑：郑文全　　　　封面设计：创智时代
责任印制：周　燚

出版发行　北京语言大学出版社
社　　　址：北京市海淀区学院路 15 号，100083
网　　　址：www.blcup.com
电子信箱：service@blcup.com
电　　话：编 辑 部　8610-82301019/0358/3700
　　　　　发 行 部　8610-82303650/3591/3648
　　　　　北语书店　8610-82303653
　　　　　网购咨询　8610-82303908
印　　刷：北京中科印刷有限公司
版　　次：2023 年 1 月第 1 版
印　　次：2023 年 1 月第 1 次印刷
开　　本：787 毫米×1092 毫米　1/16
印　　张：10.75
字　　数：170 千字
定　　价：38.00 元

前　言

"新完全掌握日语能力考试考前冲刺" 系列

日语能力考试（Japanese-Language Proficiency Test）是以母语非日语的人为对象，测试并认定其日语能力的一种考试。该考试作为一种证明日语能力的手段，被广泛应用于升学、求职、升职加薪、资格认定等各种领域。通过日语能力考试成为许多日语学习者的目标。

由于应试者的自身情况及学习目的千差万别，该考试的应用领域不断扩大，主办方于 2010 年对考试内容进行了大规模的改革，主要考查考生 "是否具有完成课题任务所需的语言交际能力"。但要掌握数量庞大的日语语言知识并提高对这些知识的运用能力并非易事。尤其是对于学习时间无法保证的人而言，要通过考试更是困难重重。

本系列图书是一套适用于考前冲刺阶段的习题集，旨在帮助各位考生在短时间内快速具备通过考试所需的最低限度的能力，实现通关目标。考生在刷题的过程中能够加深对我们严格筛选的知识点的理解，提高解题的能力。

本书是日语能力考试 N3 "文字、词汇" 的习题集。

本书内容特色：

1. 严格筛选最重要的词汇；
2. 高效地同时学习词汇和汉字；
3. 参考解析和译文也适合自学。

本书依据作者的研究成果和语料库的统计数据，严格筛选出了考试中可能考查的高频词汇。这其中也包含常用基础词汇，因此本书不仅适合备考，也适合用来扩充词汇量。汉字的学习和词汇中固定搭配的汉字一起进行，所以即使不擅长汉字的考生也能够轻松、高效地推进学习。本书附有译文，适合作为自学教材使用。本书归纳整理了词汇学习的要点，希望对大家的日语学习有所裨益。

目次　目录

日语能力考试 N3"文字、词汇"介绍

●考试等级　　初级　　N5　　N4　　N3　　N2　　N1　　高级

　　日语能力考试分为 N5～N1 五个等级。

　　N3 为中间级别，考查考生能否"在一定程度上理解日常生活场景中使用的日语"。

● N3 考试科目和考试时间

科目	语言知识（文字、词汇）	语言知识（语法）、阅读	听力
时间	30 分钟	70 分钟	40 分钟

● N3"文字、词汇"试题

	大题	问题数量	考查目标
1	汉字读法	8	考查用汉字书写的词语的读法
2	汉字写法	6	考查用平假名书写的词语的汉字写法
3	文脉推断	11	根据文脉语义选择词语
4	近义词替换	5	选择题干中词语或者短语的近义词
5	词语用法	5	考查词语在句子中应该如何使用

　　"问题数量"是每次考试出题数量的大致标准，正式考试中问题的数量可能会有所不同。另外，今后考试中"问题数量"也可能发生变更。

● N3 的各科目得分及及格判定

科目	得分范围	及格线	及格线 / 总分
语言知识（文字、词汇、语法）	0～60 分	19 分	
阅读	0～60 分	19 分	95 分 /180 分
听力	0～60 分	19 分	

总分为 180 分，得分超过 95 分判定为及格。但"语言知识（文字、词汇、语法）""阅读""听力"这三个科目的单科得分均不得低于 19 分。如果各单科中有一科得分低于 19 分，即使总分超过 95 分，也判定为不及格。

引自日语能力考试官方网站（https://www.jlpt.jp/）

关于考试的更多详细信息，请参阅日语能力考试官方网站。

致本书使用者

1. 编写目的

记住严格筛选的词汇和汉字，具备通过考试所需的最低限度的能力。

2. 内容结构

●试题篇

有的课收录的试题全是和正式考试题型完全相同的，有的课收录的试题包含叫作"やってみよう（试试看）"的题型，与正式考试题型不同。

やってみよう：是本教材原创的题型，有助于理解和记忆词汇。

1．文脉推断

2．近义词替换

3．词语用法

4．汉字读法

5．汉字写法

首先做题，来检测自己掌握了多少个词汇或者汉字。

●模拟题

相当于正式考试一次考试的题量。考查的是本书学习过的词汇和汉字。计时（30分钟）看看自己能答对多少道题。

●知识点列表篇

知识点列表篇有"ことば（词汇列表）"和"漢字（汉字列表）"两部分。词汇列表中列有试题中出现过的词语的例句和译文。汉字列表列有本课需要记忆的汉字以及由该汉字构成的词语。用片假名标记汉字的音读方式，用平假名标记汉字的训读方式。做完题后请自己核对，如果有没有学习过的词请好好记住。

●答案·解析

正确答案的句子以及对于参加N3考试的学习者来说难度较大的词汇也都附有译文，所以大家可以边阅读解析边自学。请大家一定好好使用。

3. 范例

【列表】 ^{ⅠⅡ} 动词的分类　　★　特别重要的词语

　　　　⊜　近义词　　⇔　反义词　　➡　关联词

　　　　🉂　自动词　　🉑　他动词

【答案·解析】 ➜　参考页码　　✈　补充说明

4. 书写规则

　　本书基本上在"常用汉字列表（2010 年 11 月版）"范围内的汉字都用汉字书写。但是作为例外情况，作者认为应该用平假名书写的地方是用平假名书写的。对于试题篇中包含旧日语能力考试 2 级水平以上的汉字的词汇，以及"知识点列表篇"和"答案·解析"中的所有汉字都标注了读音假名。

5. 自学学习方法、学习时间安排

　　首先做试题。一课的试题请用 10 分钟左右解答。然后参照答案·解析核对答案。最后阅读知识点列表，详细学习词汇的意义和用法、汉字的写法和读法等。也就是说，按照"**试题→答案·解析→知识点列表**"这一顺序推进学习。因此，知识点列表放在了后面。知识点列表按照话题和使用场景分类归纳，边记忆边思考该词语在相关话题或者场景中如何应用，以及该词语的近义词和反义词是什么等等，这样学习才有效果。

　　但是，如果感觉试题难度过大的话，也可以先阅读、记忆知识点列表，然后解答试题，也就是按照"**知识点列表→试题→答案·解析**"这一顺序推进学习。

この本をお使いになる先生へ

1. 教室授業の進め方、学習時間

　本書では、はじめから試験形式の問題を解き、後で語彙や漢字をリストで確認します。このように進めると、試験のような緊張感のなかで習ったことばを思い出そうとし、知らないことばには特に注意を向けますので、既有知識の整理、知らない語彙や漢字への気づき、理解、記憶がスムーズに進みます。

　学習時間は、各回を 45 分程度で進めていくことを想定していますが、学習者の学習速度や理解度に合わせて調整してください。問題とリストの確認を宿題にして、教室では必要な部分に絞って説明を加えるという使い方をすれば、1 回を 20 分程度の短時間で行うこともできます。

●問題を解く（目安：10 分程度）

　時間を測って問題を解きます。問題文中の語彙はターゲットとなる語彙以外は基本的にN3 レベルより易しい語彙・漢字に制限されているので、N3 の受験を目指す学習者であれば無理なく問題を解くことができるでしょう。

●解答・解説

　次に、問題の解答をチェックし、解説をしていきます。この時、リストを参照しながら言葉の意味や使い方を確認してもよいでしょう。

●リストで語彙・漢字項目とポイントを確認する

　最後に、リストでその回で扱われた語彙や漢字のうち、既に知っている項目はどれか、また新しく学習したのはどれかをチェックして、それぞれの語の意味や使い方、漢字の書き方と読み方等を確認します。

2. 教える時のポイント

●「用法」の問題（正しい使い方を選ぶ問題、本書の問題 3）はターゲットとなる語の意味を知っているだけでは解けない場合が多いので、解説を行う際に例文を補ったりしながら、その語の使い方（その語の意味範囲や一緒に使われる言葉に関する規則等）を丁寧に

説明してください。学習者に答えの理由を考えさせ、説明させてもいいでしょう。

●リストで語彙知識の確認を行う際には、ターゲットとなる語に関連する類義語、反意語、コロケーション（一緒に使われやすいことば）、自動詞と他動詞等も、学習者が既に知っていることを中心に整理すると学習効果が高まります。漢字についても、その漢字が使われる既習語彙をまとめたりするとよいでしょう。リストで提示する語彙や漢字は、試験に出そうかどうかという基準のもとに厳選されており、テーマに沿った項目が網羅されているわけではありません。各回のテーマに関連する既習項目が他にあれば示し、学習者の知識のネットワーク作りを補助していくと、理解や記憶の強化につながります。

●動詞は、一緒に使う助詞にもフォーカスして指導しましょう。

●抽象度の高い語彙や、副詞や動詞等の意味や使い方の難しい語彙は、学習者の理解度に応じて例文を補ってください。例文は、ターゲット語以外は既習語彙で作成すると学習者にとって負担が軽く、理解しやすくなります。

在本系列丛书，大家可以一边学习，一边和忍者一起到日本各地旅行。学完"语法""汉字、词汇""阅读""听力"可以游遍全日本。

在"汉字、词汇"单册到"近畿、四国、中部地区"旅行。

<ruby>問題<rt>もんだい</rt></ruby>パート

试题篇

やってみよう 正しいほうをえらびなさい。

1) 今日は1日ゆっくりと（ 暮らす 過ごす ）つもりだ。

2) 友達といっしょに楽しい時間を（ 過ぎた 過ごした ）。

3) 赤ちゃんが（ のんびり ぐっすり ）眠っている。

1. （　　　）に入れるのに最もよいものを、一つえらびなさい。

1) 昨日、（　　　）高校のときの友達と町で会った。

1 ぐうぜん　　　　2 ときどき　　　　3 ふだん　　　　4 たまに

2) 1か月の仕事の（　　　）を手帳に書いた。

1 ジョギング　　2 スケジュール　　3 ドライブ　　4 エレベーター

3) （　　　）寝ていたので、地震に気づかなかった。

1 ぐっすり　　　2 やっぱり　　　3 しっかり　　　4 はっきり

4) 彼女は教室の前で（　　　）、ポスターを見た。

1 集まって　　　2 うかがって　　3 立ち止まって　　4 取り替えて

5) 姉は目立つのが好きで、いつも派手な（　　　）をしている。

1 都合　　　　　2 洋服　　　　　3 服装　　　　4 具合

2. ＿＿＿＿に意味が最も近いものを、一つえらびなさい。

1) 今日は夜遅くまで残業して、とてもくたびれた。

1 忙しかった　　2 大変だった　　3 疲れた　　4 困った

2) 将来、大きい家を建てて、家族といっしょに暮らしたい。

1 過ごしたい　　2 生活したい　　3 世話したい　　4 引っ越ししたい

3. つぎのことばの使い方として最もよいものを、一つえらびなさい。

1) 中古

1　この服は姉の<u>中古</u>だけど、気に入っている。

2　これは<u>中古</u>の缶詰だから、早く食べよう。

3　先週買った野菜が<u>中古</u>になったので、捨てた。

4　卒業した先輩に<u>中古</u>の冷蔵庫をもらった。

2) のんびり

1　休みなので、家族で公園を<u>のんびり</u>散歩した。

2　大切な書類なので、<u>のんびり</u>丁寧に書いた。

3　緊張しないで、<u>のんびり</u>面接を受けることができた。

4　道が混んでいて、車が<u>のんびり</u>動いている。

4. ＿＿＿＿のことばの読み方として最もよいものを一つえらびなさい。

1)　<u>提出</u>する前に、もう一度答えを<u>確認</u>してください。

1　かくにん　　　　2　たくにん　　　　3　かくいん　　　　4　たくいん

2)　<u>疲れて</u>、気持ちが悪くなった。

1　おくれて　　　　2　つかれて　　　　3　ぬれて　　　　　4　よごれて

3)　自分が間違っていることを<u>認めた</u>。

1　たしかめた　　　2　まとめた　　　　3　みとめた　　　　4　やめた

5. ＿＿＿＿のことばを漢字で書くとき、最もよいものを一つえらびなさい。

1)　赤ちゃんがベッドで<u>ねむって</u>いる。

1　寝って　　　　　2　眠って　　　　　3　眼って　　　　　4　定って

2)　<u>かこ</u>の歴史からいろいろなことを知ることができる。

1　過去　　　　　　2　週去　　　　　　3　近去　　　　　　4　通去

やってみよう　正しいほうをえらびなさい。

1)　雨が降って、バケツに水が（　たまって　ためて　）いた。
　　　　　ふ

2)　チーズとハムを（　重なって　重ねて　）、パンにはさんだ。
　　　　　　　　　かさ　　　　かさ

3)　家の前に止まっている車を（　動いて　動かして　）ください。

1.（　　　　）に入れるのに最もよいものを、一つえらびなさい。

1)　ここにある本を（　　　　　）整理して、本棚に並べてください。
　　　　　　　　　　　　　　　せいり　　ほんだな　なら

　1　きちんと　　　　2　しばらく　　　　3　すっきり　　　　4　ぐっすりと

2)　牛乳を（　　　　　）ようにゆっくり飲みなさい。
　　ぎゅうにゅう

　1　おとさない　　　2　ためない　　　　3　こぼさない　　　4　まぜない

3)　同じお皿はここに（　　　　　）、置いておいてください。
　　　　さら　　　　　　　　　　　　　　　お

　1　植えて　　　　　2　重ねて　　　　　3　座って　　　　　4　のって
　　　　　　　　　　　かさ　　　　　　　　すわ

4)　手が（　　　　）ので、あの本を取ってください。
　　　　　　　　　　　　　　　　　と

　1　さわらない　　　2　届かない　　　　3　通らない　　　　4　登らない
　　　　　　　　　　　とど　　　　　　　　　　　　　　　　のぼ

5)　古い新聞と雑誌をひもで（　　　　　）捨てる。
　　　　　　　ざっし

　1　かさねて　　　　2　しばって　　　　3　ためて　　　　　4　ぬいて

2.　　　　　に意味が最も近いものを、一つえらびなさい。

1)　帰る前に、机の上をきれいに整理した。
　　　　　　つくえ　　　　　　せいり

　1　かたづけた　　　2　そうじした　　　3　ふいた　　　　　4　ならべた

2)　この部屋にあるごみをまとめて、捨ててください。
　　　へや

　1　まっすぐにして　2　ひとつにして　　3　ひろって　　　　4　わけて

3. つぎのことばの使い方として最もよいものを、一つえらびなさい。

1) 抜く

1　仕事が終わったので、ネクタイを抜いた。

2　休みの日に、伸びた草を抜いたら、庭がすっきりした。

3　木から抜いたりんごを食べたら、とてもおいしかった。

4　棚からフォークを抜いて、テーブルに並べてください。

2) 分類

1　テストの点がいい学生から順に分類して、クラスを決めた。

2　二つの町を分類しているのは、この大きい川です。

3　ここにある紙を色で分類して、まとめておいてください。

4　ケーキを同じ大きさに分類して切るのは難しい。

4. _____のことばの読み方として最もよいものを一つえらびなさい。

1) 床をきれいに掃除した。

1　かべ　　　　　　2　たな　　　　　　3　にわ　　　　　　4　ゆか

2) 昨日と同じ場所で会いましょう。

1　ばしょう　　　　2　ばしょ　　　　　3　ばあしゅう　　　4　ばしゅ

3) 子どもたちと、花を植えた。

1　うえた　　　　　2　おぼえた　　　　3　かぞえた　　　　4　くわえた

5. _____のことばを漢字で書くとき、最もよいものを一つえらびなさい。

1) この本をすててください。

1　使てて　　　　　2　拾てて　　　　　3　借てて　　　　　4　捨てて

2) 結婚したら、温かいかていを作りたい。

1　家庭　　　　　　2　家店　　　　　　3　家床　　　　　　4　家底

1. （　　　）に入れるのに最もよいものを、一つえらびなさい。

1) ワインをこぼしてしまって、白い服に（　　　　）をつけてしまった。

1　あじ　　　　　　2　けが　　　　　　3　しみ　　　　　　4　てん

2) 卵と砂糖をよく（　　　　）、バターを少しずつ入れてください。

1　集めたら　　　　2　かき混ぜたら　　3　はさんだら　　　4　注いだら

3) 靴が汚れたので、きれいに（　　　　）。

1　しまった　　　　2　ほした　　　　　3　まとめた　　　　4　みがいた

4) このコーヒー豆はインドネシア（　　　　）です。

1　作　　　　　　　2　産　　　　　　　3　生　　　　　　　4　品

5) 洗濯物を（　　　　）けど、雨なのでなかなか乾かない。

1　かけた　　　　　2　ふいた　　　　　3　ほした　　　　　4　とれた

2. ＿＿＿＿に意味が最も近いものを、一つえらびなさい。

1) いつも母といっしょに食事の支度をしている。

1　買い物　　　　　2　準備　　　　　　3　整理　　　　　　4　注文

2) 帰る前に、机の上にある物をしまっておいてください。

1　おいて　　　　　2　かたづけて　　　3　くわえて　　　　4　なくして

3. つぎのことばの使い方として最もよいものを、一つえらびなさい。

1) 量る

1　毎日、使ったお金をノートに書いて、量っている。

2　ケーキを作るときは、きちんと小麦粉を量ってください。

3　結婚式に誰を招待するか、二人で量っている。

4　テストで正しく答えられた問題を量ったら、8つだった。

6

2) 沸騰

1 スープが沸騰する前に、火を止めてください。

2 今日は気温が沸騰していて、とても暑い。

3 風邪をひいたようで、熱が沸騰してきた。

4 人気歌手のコンサートでみんなとても沸騰している。

4. ＿＿＿＿のことばの読み方として最もよいものを一つえらびなさい。

1) この豆のスープはおいしいので、よく作ります。

1 こめ　　　　　2 さかな　　　　　3 にく　　　　　4 まめ

2) 塩を加えると、もっとおいしくなります。

1 かえる　　　　2 くわえる　　　　3 つかえる　　　　4 むかえる

3) ここは汚いので、となりの部屋に行きませんか。

1 うるさい　　　2 きたない　　　　3 くらい　　　　4 せまい

4) 玄関に傘を干した。

1 おとした　　　2 さした　　　　　3 ほした　　　　4 かえした

5. ＿＿＿＿のことばを漢字で書くとき、最もよいものを一つえらびなさい。

1) うちの猫が子猫を3匹うんだ。

1 産んだ　　　　2 育んだ　　　　　3 出んだ　　　　4 始んだ

2) 電車がこんでいて、座ることができなかった。

1 混んで　　　　2 乗んで　　　　　3 運んで　　　　4 過んで

3) 手についたよごれがなかなか落ちない。

1 所れ　　　　　2 汚れ　　　　　　3 届れ　　　　　4 疲れ

4) 今日の勉強会にさんかした人は、少なかった。

1 参切　　　　　2 参回　　　　　　3 参加　　　　　4 参家

4

回目 文化
ぶん か

文化

リスト p.73

やってみよう　正しいほうをえらびなさい。

1) そのイベントは （ 延期　中止 ） になり、来月行われる。
えん き

2) 山の上から （ すばらしい　立派な ） 景色を見た。
りっ ぱ　　　け しき

1. （　　　　） に入れるのに最もよいものを、一つえらびなさい。

1) この小説に （　　　　） する女性のようになりたい。
じょせい

　1 参加　　　　　2 出席　　　　　3 登場　　　　　4 共通
　　さん か　　　　　　しゅっせき

2) 日本の文化や （　　　　） にとても興味がある。
　　ぶん か　　　　　　　　　　　　　きょう み

　1 演奏　　　　　2 芸術　　　　　3 世界　　　　　4 才能
　　えんそう　　　　　げいじゅつ　　　　　　　　　　　　さいのう

3) あれは 70 年前に （　　　　） された歴史のある美術館だ。
　　　　　　　　　　　　　　　　れき し　　　び じゅつかん

　1 計画　　　　　2 建築　　　　　3 生産　　　　　4 準備
　　　　　　　　　けんちく　　　　　　　　　　　　　じゅん び

4) 毎年、国際交流の （　　　　） に参加している。
　　　　こくさいこうりゅう　　　　　　さん か

　1 イベント　　　2 チャンス　　　3 タイプ　　　　4 ピアノ

5) あの歌手は、歌だけではなく、ピアノの （　　　　） も上手だ。

　1 演奏　　　　　2 活動　　　　　3 技術　　　　　4 進行
　　えんそう　　　　　かつどう　　　　　ぎ じゅつ

2. ＿＿＿＿ に意味が最も近いものを、一つえらびなさい。

1) 将来、作家になりたいと思っています。
　しょうらい

　1 家を作る人　　　　　　　　　　2 ピアノをひく人

　3 小説を書く人　　　　　　　　　4 料理を作る人

2) 田中さんのスピーチは、本当に立派だった。
　た なか　　　　　　　　　　ほんとう　りっ ぱ

　1 たのしかった　　　　　　　　　2 うれしかった

　3 おもしろかった　　　　　　　　4 すばらしかった

8

3. つぎのことばの使い方として最もよいものを、一つえらびなさい。

I) 延期

1 雨のため、今日の試合はあしたに延期します。

2 この図書館は、金曜日は午後 9 時まで開館時間を延期する。

3 試験前なので、勉強する時間を 10 時まで延期した。

4 頭が痛かったので、学校に行く時間を延期しました。

2) 満員

1 パーティー会場にいる満員の人が楽しそうに話している。

2 休みの日になると、この公園は親子で満員になる。

3 映画館は満員で、見たかった映画が見られなかった。

4 デパートは買い物する満員のお客さんで混んでいる。

4. ＿＿＿のことばの読み方として最もよいものを一つえらびなさい。

I) わたしたちには共通の趣味があるので、話が合う。

1 きょうつ　　　　2 きょつう　　　　3 きょうつう　　　　4 きょつ

2) コンサート会場は観客でいっぱいになっている。

1 かんかく　　　　2 かんきゃく　　　　3 けんかく　　　　4 けんきゃく

3) 山を登ると、美しい景色を見ることができる。

1 あがる　　　　2 おりる　　　　3 さがる　　　　4 のぼる

5. ＿＿＿のことばを漢字で書くとき、最もよいものを一つえらびなさい。

I) 仕事は予定通りにすすんでいる。

1 道んで　　　　2 進んで　　　　3 通んで　　　　4 遠んで

2) 人気のある歌手がとうじょうしたので、みんなとても喜んだ。

1 登上　　　　2 発上　　　　3 発場　　　　4 登場

5
回目
自然（しぜん）
大自然

リスト p.74

1. （　　　）に入れるのに最もよいものを、一つえらびなさい。

1) 紙のごみの中に（　　　　）いるプラスチックのごみを取（と）ってください。

1　こぼして　　　　2　ういて　　　　3　しまって　　　　4　まざって

2) （　　　　）が多いところで子どもを育（そだ）てたい。

1　自然（しぜん）　　　2　社会　　　　3　地球（ちきゅう）　　　4　天気

3) クーラーが故障（こしょう）したのか、（　　　　）が変（か）えられない。

1　温度（おんど）　　　2　気温　　　　3　様子　　　　4　景色（けしき）

4) 人間は毎日たくさんの（　　　　）を使っている。

1　イベント　　　　2　エネルギー　　　3　コミュニケーション　4　ニュース

5) 太陽（たいよう）が（　　　　）、周（まわ）りが暗くなった。

1　落（お）ちて　　　2　下（お）りて　　　3　消（き）えて　　　4　沈（しず）んで

2. _____ に意味が最も近いものを、一つえらびなさい。

1) 窓（まど）から見える海がかがやいている。

1　うごいて　　　　2　ながれて　　　　3　ひかって　　　　4　ゆれて

2) 部屋（へや）の中では洗濯物（せんたくもの）がなかなか乾燥（かんそう）しない。

1　あらえない　　　2　かわかない　　　3　ほせない　　　4　よごれない

3. つぎのことばの使い方として最もよいものを、一つえらびなさい。

1) 発生

1　ここは有名な温泉（おんせん）が発生しているので、絶対（ぜったい）入りたい。

2　地震（じしん）が発生したら、火はすぐに消（け）してください。

3　夏になると、庭（にわ）に草（くさ）がたくさん発生する。

4　みんなで考えたら、いいアイディアが発生した。

2) 枯^かれる

1　冷蔵庫^{れいぞうこ}に入れなかったので、野菜が枯^かれてしまった。

2　何年も着ていたので、白いシャツが枯^かれてしまった。

3　頭が枯^かれてしまったので、レポートを書くのをやめた。

4　庭^{にわ}の木が枯^かれてしまったので、切ることにした。

4. ＿＿＿＿＿のことばの読み方として最もよいものを一つえらびなさい。

1) 別の部屋^{へや}にいる赤ちゃんの様子をカメラで見る。

1　よす　　　　　2　よおし　　　　3　よし　　　　4　ようす

2) この川の水は山から流れてきていて、とてもきれいだ。

1　うまれて　　　2　ながれて　　　3　ゆれて　　　4　わかれて

3) こんなに美しい人を見たことがない。

1　うつくしい　　2　かなしい　　　3　きびしい　　4　すばらしい

4) 東の空に星が見える。

1　くも　　　　　2　つき　　　　　3　ひ　　　　　4　ほし

5. ＿＿＿＿＿のことばを漢字で書くとき、最もよいものを一つえらびなさい。

1) 今日は風が強いので、なみが高い。

1　洋　　　　　　2　波　　　　　　3　池　　　　　4　流

2) 午後になったら、きおんが上がって暑くなった。

1　気混　　　　　2　気湿　　　　　3　気湯　　　　4　気温

3) 体が水にういたら、次^{つぎ}は手と足を動かしてみよう。

1　浮いた　　　　2　届いた　　　　3　通いた　　　4　登いた

4) 昔^{むかし}、ゆう子さんのお母さんはびじんで有名だった。

1　真人　　　　　2　業人　　　　　3　美人　　　　4　集人

6 健康
けんこう

回目 健康状況

リスト p.75

1. （　　　）に入れるのに最もよいものを、一つえらびなさい。

1) 冬になると、インフルエンザの（　　　）が増えてくる。
1 患者 (かんじゃ)　　　2 傷 (きず)　　　3 病気　　　4 熱 (ねつ)

2) 寒いと思って、（　　　）をはかったら、38度もあった。
1 温度 (おんど)　　　2 気温 (きおん)　　　3 室温 (しつおん)　　　4 体温 (たいおん)

3) 本を読むときは、（　　　）をよくしないと、目が悪くなる。
1 姿勢 (しせい)　　　2 様子 (ようす)　　　3 健康　　　4 調子 (ちょうし)

4) 朝から何も食べていないので、（　　　）する。
1 のんびり　　　2 しっかり　　　3 どきどき　　　4 ふらふら

5) （　　　）は成功 (せいこう) して、来週には退院 (たいいん) できる。
1 回復 (かいふく)　　　2 手術 (しゅじゅつ)　　　3 整理　　　4 入院

2. ＿＿＿＿に意味が最も近いものを、一つえらびなさい。

1) 何度練習 (れんしゅう) しても上手にできなくて、泣いた (な)。
1 涙を流した (なみだ) (なが)　　　2 汗を流した (あせ) (なが)　　　3 水を流した (みず) (なが)　　　4 血を流した (ち) (なが)

2) 子どもが成長する様子 (ようす) を見るのが楽しみだ。
1 遊ぶ (あそ)　　　2 おどる　　　3 育つ　　　4 伸びる (の)

3. つぎのことばの使い方として最もよいものを、一つえらびなさい。

1) 回復 (かいふく)
1 調子 (ちょうし) が悪いコンピューターの部品 (ぶひん) を交換 (こうかん) したら、回復 (かいふく) した。
2 薬を飲んで、休んでいたら、少しずつ回復 (かいふく) してきた。
3 地震 (じしん) の後、町を回復 (かいふく) するために、みんなで協力 (きょうりょく) した。
4 缶 (かん) やビンを回復 (かいふく) するので、分けておいてください。

12

2) 伸びる

1 夜になって、熱がどんどん伸びていき、とうとう39度になった。

2 みんなに反対されて、やりたい気持ちが伸びてしまった。

3 小さいグループでしていたボランティア活動が日本中に伸びていった。

4 髪がずいぶん伸びたので、美容院に切りに行こうと思っている。

4. _____ のことばの読み方として最もよいものを一つえらびなさい。

1) 会社をもっと大きく成長させるのがわたしの夢だ。

1 せいちょう　　　2 せちょう　　　　3 せいちゅう　　　4 せちゅう

2) 命を大切にしよう。

1 いのち　　　　　2 おや　　　　　　3 みどり　　　　　4 もり

3) 子どもにはいい教育を受けさせたい。

1 きょうえく　　　2 きょえく　　　　3 きょういく　　　4 きょいく

4) 昨日からずっと頭痛がしている。

1 ずつう　　　　　2 づづう　　　　　3 ずうつ　　　　　4 づうつ

5) 子どもが元気に育っている。

1 うたって　　　　2 そだって　　　　3 のって　　　　　4 はしって

5. _____ のことばを漢字で書くとき、最もよいものを一つえらびなさい。

1) けんこうのためにジョギングをしている。

1 建康　　　　　　2 建庫　　　　　　3 健康　　　　　　4 健庫

2) 座っていたら、足のいたみがなくなってきた。

1 病み　　　　　　2 疲み　　　　　　3 痛み　　　　　　4 療み

3) あせがたくさん出てきた。

1 汗　　　　　　　2 汚　　　　　　　3 注　　　　　　　4 汁

やってみよう　正しいほうをえらびなさい。

1) 山中さんがサッカー（　仲間　友達　）に入った。

2) 田中さんに会ったとき、優しそうだという（　態度　印象　）を持った。

3) 駅で高校のときの友人と（　出会った　知り合った　）。

4) あした、インターネットで（　出会った　知り合った　）人と会う。

1.（　　　）に入れるのに最もよいものを、一つえらびなさい。

1) 奨学金の説明会には、申し込んだ（　　　）が必ず出席してください。

1 仲間　　　　　2 友達　　　　　3 他人　　　　　4 本人

2) 山田さんをパーティーに（　　　）けれど、いい返事はもらえなかった。

1 くわえた　　　2 さそった　　　3 そだった　　　4 あわせた

3) 外で音がしたのでドアを開けたが、誰の（　　　）も見えなかった。

1 体　　　　　　2 形　　　　　　3 姿　　　　　　4 物

4) 何か言いたいことがあったら、（　　　）わたしに言ってください。

1 直接　　　　　2 けっこう　　　3 ずっと　　　　4 特別

5) イベントに参加する人（　　　）が集まりましたか。

1 両方　　　　　2 大人　　　　　3 全員　　　　　4 仲間

2.＿＿＿＿に意味が最も近いものを、一つえらびなさい。

1) わたしたちが結婚していることは秘密にしている。

1 誰にも話していない　　　　　　2 誰かが知っている

3 みんなに話している　　　　　　4 みんな知っている

2) 彼女は魅力があるので、みんな彼女が大好きだ。

1　明るい　　　　　　2　やさしい　　　　　3　きれいな　　　　　4　すてきな

3. つぎのことばの使い方として最もよいものを、一つえらびなさい。

1) お互い

1　子どものときからお互いのことをよく知っている。

2　駅の前にあるお互いの会社の社長は同じ人だ。

3　転んだときにお互いの足をけがして、痛い。

4　人はみんなお互いの考え方を持っている。

2) 態度

1　最近、このパソコンの態度が悪くて、困っている。

2　薬を飲んだら、だいぶ態度がよくなってきた。

3　木村さんが着ているコートは、とても態度がいい。

4　店員の態度がとても失礼で、嫌な気分だ。

4. ＿＿＿＿のことばの読み方として最もよいものを一つえらびなさい。

1) 好きな人に直接手紙を渡そうと思っている。

1　ちょうせつ　　　2　ちょせつ　　　　　3　ちょくせつ　　　　4　ちょぐせつ

2) もう一度確認したい言葉に赤い印をつけた。

1　せん　　　　　　2　しるし　　　　　　3　ところ　　　　　　4　まる

3) 他に何か必要な物があれば、言ってください。

1　つぎ　　　　　　2　べつ　　　　　　　3　ほか　　　　　　　4　さき

4) 最初、怖そうな印象を受けたが、そうではなかった。

1　いっしょう　　　2　いしょう　　　　　3　いいしょう　　　　4　いんしょう

5) 間違っている漢字を直した。

1　だした　　　　　2　けした　　　　　　3　さがした　　　　　4　なおした

8 回目 人との関係（2）―付き合う―

人际关系（2）交往

リスト p.77

1. （　　）に入れるのに最もよいものを、一つえらびなさい。

1) いつもわたしを助けてくれるので、両親にとても（　　）している。

1 安心　　　　　2 感謝　　　　　3 確認　　　　　4 自慢

2) わたしは兄と顔は似ているが、（　　）はぜんぜん違う。

1 気分　　　　　2 性格　　　　　3 関係　　　　　4 具合

3) 服を買いたいという友人に（　　）、デパートに買い物に行った。

1 差し上げて　　2 取り替えて　　3 付き合って　　4 話し始めて

4) 最近、この歌手は（　　）が出てきて、テレビでよく見る。

1 興味　　　　　2 才能　　　　　3 立場　　　　　4 人気

5) 田中さんは自分の飼っている猫がいちばんかわいいと（　　）する。

1 感謝　　　　　2 自慢　　　　　3 相談　　　　　4 注意

2. ＿＿＿＿に意味が最も近いものを、一つえらびなさい。

1) 親友にも言わないで、ずっと内緒にしていることがある。

1 じまん　　　　2 しゅみ　　　　3 ひみつ　　　　4 みりょく

2) アンケートを取るために、みんなが協力してくれた。

1 がんばって　　2 調べて　　　　3 手伝って　　　4 まとめて

3. つぎのことばの使い方として最もよいものを、一つえらびなさい。

1) 立場

1 今、地球の立場を考えて、行動する必要がある。

2 大きい木がある立場まで、二人で走っていった。

3 山中さんは東京のどの立場に住んでいますか。

4 相手の立場になって、考えてみたほうがいい。

16

2) 交流

1 二つの川が<u>交流</u>して、一つの大きい川になっている。

2 インターネットで世界中の人と<u>交流</u>することができる。

3 このチケットを持っていって、品物と<u>交流</u>してください。

4 メンバー全員（ぜんいん）が集まって、それぞれの意見を<u>交流</u>した。

4. _____のことばの読み方として最もよいものを一つえらびなさい。

1) <u>相手</u>の顔を見て、話しましょう。

1 あいて　　　　　2 あいで　　　　　3 あえて　　　　　4 あえで

2) 知らない人が<u>助けて</u>くれた。

1 あずけて　　　　2 たすけて　　　　3 とどけて　　　　4 みつけて

3) 留学生（りゅうがくせい）と<u>交流</u>するイベントに参加（さんか）した。

1 こうりゅ　　　　2 こりゅう　　　　3 こりゅ　　　　　4 こうりゅう

4) グループ全員（ぜんいん）で<u>協力</u>した。

1 きょうりょく　　2 きょりょく　　　3 こうりょく　　　4 こりょく

5. _____のことばを漢字で書くとき、最もよいものを一つえらびなさい。

1) このコンピューターの<u>けってん</u>を教えてください。

1 交点　　　　　　2 交店　　　　　　3 欠店　　　　　　4 欠点

2) 子どもたちの中に大人が<u>まざって</u>、遊（あそ）んでいる。

1 交ざって　　　　2 満ざって　　　　3 共ざって　　　　4 加ざって

3) 困（こま）ったことがあれば、わたしにいつでも<u>そうだん</u>してください。

1 送談　　　　　　2 想談　　　　　　3 相談　　　　　　4 早談

4) タマネギは、カレーを作るときに<u>かかせない</u>野菜だ。

1 必かせない　　　2 欠かせない　　　3 加かせない　　　4 過かせない

気持ち（1）—ネガティブな感情—

心情（1）负面情绪

リスト p.78

やってみよう　正しいほうをえらびなさい。

1) 初めて一人で暮らすので、少し（　不安　不満　）だ。

2) （　不安　不満　）があるのか、鈴木さんは怒った顔をしている。

3) 生活が苦しかったので、（　苦労　努力　）して、子どもを育てた。

1.（　　　）に入れるのに最もよいものを、一つえらびなさい。

1) 痛みをずっと（　　　）するより、薬を飲んだほうがいい。
1　我慢　　　　2　緊張　　　　3　苦労　　　　4　心配

2) （　　　）キャンプの準備をしたのに、雨で中止になってしまった。
1　いくら　　　2　せっかく　　3　ずっと　　　4　もちろん

3) いい製品だと思って買ったのに、すぐ壊れてしまい、（　　　）した。
1　ふらふら　　2　がっかり　　3　どきどき　　4　ゆっくり

4) 仕事の多さよりも人間関係のほうにストレスを（　　　）。
1　感じる　　　2　取る　　　　3　する　　　　4　もらう

5) 子どものとき、なぜ人は年を取るのだろうと（　　　）に思った。
1　残念　　　　2　必死　　　　3　不思議　　　4　不満

2.＿＿＿＿に意味が最も近いものを、一つえらびなさい。

1) このあいだ、おかしなことが起きたんだ。
1　うれしい　　2　楽しい　　　3　変な　　　　4　きけんな

2) 高いビルから落ちていくという恐ろしい夢を見た。
1　苦しい　　　2　怖い　　　　3　嫌な　　　　4　大変な

3. つぎのことばの使い方として最もよいものを、一つえらびなさい。

1) 不満
ふまん

1 将来のことが不満で、どうすればいいのかわからない。

2 一生懸命勉強したのに、不満な点しか取れなかった。

3 何年も働いているのに、給料が上がらないことが不満だ。

4 能力が不満な上司の下で働くのは、とても苦労する。

2) 緊張
きんちょう

1 ロープを緊張させて、その木にしっかり結んでください。

2 スピーチでは声が緊張してしまって、うまく話せなかった。

3 就職の面接の前なので、みんな緊張した顔をしている。

4 両親に緊張して育てられたが、今はよかったと思っている。

4. ＿＿＿＿のことばの読み方として最もよいものを一つえらびなさい。

1) この野菜は苦いので、あまり好きではない。

1 あまい　　　　2 からい　　　　3 うすい　　　　4 にがい

2) 毎日努力した結果、サッカー選手になった。

1 どうりょく　　2 どりょく　　　3 どうりょうく　　4 どりょうく

3) 父は苦労して、会社を作ったそうだ。

1 くうろ　　　　2 くろう　　　　3 くろ　　　　　4 くうろう

5. ＿＿＿＿のことばを漢字で書くとき、最もよいものを一つえらびなさい。

1) こわい夢を見て、目が覚めた。

1 悪い　　　　　2 痛い　　　　　3 寒い　　　　　4 怖い

2) ひっしに勉強して、行きたい大学に合格した。

1 必死　　　　　2 心死　　　　　3 必止　　　　　4 心止

やってみよう　正しいほうをえらびなさい。

1) あしたのテストが （ 気にして　気になって ） 眠れません。

2) あの人は背が高くて、とても （ 目立ち　見つけ ） ますね。

3) 自分が悪いことをしたら、謝るのは （ 偶然　当然 ） です。

4) そのかばん、デザインがとても （ すてき　高い ） ですね。

1. （　　）に入れるのに最もよいものを、一つえらびなさい。

1) 彼は新しい仕事に（　　　　）しているそうです。

1 活動　　　　　　　2 進行　　　　　　　3 発生　　　　　　　4 満足

2) 緊張していましたが、だんだん気持ちが（　　　　）きました。

1 落ち着いて　　　　2 どきどきして　　　3 まとめて　　　　　4 安くなって

3) 母は、わたしが将来いい会社に入ることを（　　　　）している。

1 期待　　　　　　　2 感動　　　　　　　3 注文　　　　　　　4 予約

4) 彼は日本語を話すことに（　　　　）を持っている。

1 自信　　　　　　　2 自慢　　　　　　　3 心配　　　　　　　4 満足

5) 妹は日本の着物に（　　　　）を持っている。

1 印象　　　　　　　2 感動　　　　　　　3 関心　　　　　　　4 趣味

2. ＿＿＿＿に意味が最も近いものを、一つえらびなさい。

1) 彼は日本に留学することを真剣に考えている。

1 大変に　　　　　　2 不安に　　　　　　3 楽に　　　　　　　4 真面目に

20

2) 今日の試験は意外に簡単だった。

1　今まででいちばん　　　　　　　　2　思っていたとおり

3　思っていたのとは違って　　　　　4　他の試験よりも

3. つぎのことばの使い方として最もよいものを、一つえらびなさい。

1)　楽

1　新しいアパートはとても楽なところにあります。

2　田中さんは、ユーモアがあって、いつも笑顔で、楽な人です。

3　今の仕事は大変でとても忙しいので、もっと楽な仕事がしたいです。

4　久しぶりに友達に会って、とても楽な時間でした。

2)　意外

1　あの人はわたしの意外なタイプなので、友達になりたくありません。

2　事故のニュースを聞いて、意外だったらいいのにと思いました。

3　テストは簡単だと思っていましたが、やってみたらやっぱり意外でした。

4　有名なレストランに行きましたが、意外に空いていました。

4. ＿＿＿＿のことばの読み方として最もよいものを一つえらびなさい。

1)　きれいな海の水で、おいしい天然の塩を作っています。

1　てぜん　　　　　2　てんぜん　　　　3　てねん　　　　4　てんねん

2)　彼のスピーチはみんなを感動させた。

1　かんど　　　　　2　かんどう　　　　3　がんど　　　　4　がんどう

5. ＿＿＿＿のことばを漢字で書くとき、最もよいものを一つえらびなさい。

1)　その問題はわたしにはかんけいないと思います。

1　問係　　　　　　2　間係　　　　　　3　開係　　　　　4　関係

2)　わたしはあなたが言ったことをしんじています。

1　仲じて　　　　　2　信じて　　　　　3　使じて　　　　4　他じて

1. （　　　）に入れるのに最もよいものを、一つえらびなさい。

1) 一生懸命<ruby>（いっしょうけんめい）</ruby>勉強したら、（　　　）が上がった。

1　合格　　　　　2　成績<ruby>（せいせき）</ruby>　　　　　3　指導　　　　　4　理解

2) うまくできなかったので、もう一度最初<ruby>（さいしょ）</ruby>からやり（　　　）ことにした。

1　終わる　　　　2　合う　　　　　3　学ぶ　　　　　4　直す<ruby>（なお）</ruby>

3) 弟は高校を卒業<ruby>（そつぎょう）</ruby>した後、大学に（　　　）。

1　参加した<ruby>（さんか）</ruby>　2　出席した<ruby>（しゅっせき）</ruby>　3　進学した　　　4　勉強した

4) いつか日本の会社で働くという（　　　）を立てた。

1　将来<ruby>（しょうらい）</ruby>　2　目標<ruby>（もくひょう）</ruby>　3　夢<ruby>（ゆめ）</ruby>　　　4　予定<ruby>（よてい）</ruby>

2. ＿＿＿＿に意味が最も近いものを、一つえらびなさい。

1) 先生の説明を聞いて、この言葉<ruby>（ことば）</ruby>の意味を<u>理解しました</u>。

1　意味がわかりました　　　　　　　2　意味を考えました

3　意味を調べました　　　　　　　　4　意味を説明しました

2) 失敗<ruby>（しっぱい）</ruby>を<u>くりかえして</u>、やっと合格できた。

1　そのままにして　2　直して<ruby>（なお）</ruby>　　3　何度もして　　　4　身につけて

3. つぎのことばの使い方として最もよいものを、一つえらびなさい。

1) 間違う<ruby>（まちが）</ruby>

1　いろいろな国へ行って、<u>間違う</u><ruby>（まちが）</ruby>文化<ruby>（ぶんか）</ruby>を知りたいです。

2　その漢字の書き方、<u>間違って</u><ruby>（まちが）</ruby>いますよ。

3　先輩<ruby>（せんぱい）</ruby>だと思って、声をかけたら、ぜんぜん<u>間違う</u><ruby>（まちが）</ruby>人でした。

4　わたしの意見はあなたの意見と<u>間違い</u><ruby>（まちが）</ruby>ますね。

2) 提出
ていしゅつ

1　バスに乗っていたら、男の人が急に道に提出してきました。
ていしゅつ

2　宿題は、あしたまでに提出してください。
しゅくだい　　　　　　　　　　　ていしゅつ

3　駅に着くとすぐに電車が駅を提出しました。
ていしゅつ

4　郵便局まで荷物を提出しに行ってきます。
ゆうびんきょく　　にもつ　ていしゅつ

4.　_____のことばの読み方として最もよいものを一つえらびなさい。

1)　最近、体の調子がよくない。
さいきん

1　しょうし　　　2　ちょうし　　　3　ちゅうし　　　4　ひょうし

2)　ここに身長と体重を書いてください。

1　しちょう　　　2　しんちょう　　　3　じんちょう　　　4　みちょう

3)　この本は難しくて、理解できません。
むずか

1　りかい　　　2　りがい　　　3　りげ　　　4　りげい

4)　わたしは将来、高校の英語の教師になりたいと思っています。
しょうらい

1　きょうし　　　2　きょうす　　　3　きゅうし　　　4　きゅうす

5.　_____のことばを漢字で書くとき、最もよいものを一つえらびなさい。

1)　先生に作文をしどうしていただいた。

1　仕導　　　2　身導　　　3　指導　　　4　師導

2)　次のJLPTは必ずN3にごうかくしたい。
つぎ　　　　　　かなら

1　合各　　　2　合格　　　3　合確　　　4　合客

3)　先週、友達にメールを出したが、まだへんじが来ない。
ともだち

1　変事　　　2　返事　　　3　成事　　　4　帰事

4)　わからない言葉があったら、辞書でしらべます。
ことば　　　　　　　　じしょ

1　調べ　　　2　認べ　　　3　語べ　　　4　試べ

12
回目 各种烦恼

いろいろな問題

リスト p.81

1. (　　　) に入れるのに最もよいものを、一つえらびなさい。

1) 自分の失敗を人の（　　　　）にしてはいけません。

1　おかげ　　　　　2　気　　　　　　　3　せい　　　　　4　わがまま

2) 彼女は、彼と結婚するかどうか、ずっと（　　　　）いる。

1　あきて　　　　　2　あわてて　　　　3　決めて　　　　4　迷って

3) お金がないので、進学を（　　　　）。

1　あきらめました　2　試しました　　　3　防ぎました　　4　破りました

4) 子どもが（　　　　）をしたので、叱りました。

1　いたずら　　　　2　親切　　　　　　3　迷惑　　　　　4　わがまま

5) みんなで相談して、夏休みの旅行先を海に（　　　　）。

1　あきました　　　2　決めました　　　3　悩みました　　4　迷いました

2. ＿＿＿＿ に意味が最も近いものを、一つえらびなさい。

1) 事故を防ぐために、みんなで協力しましょう。

1　事故を起こさないようにする　　　　2　事故を解決する

3　事故を調査する　　　　　　　　　　4　事故を忘れる

2) 友達に漢字の勉強のしかたを聞きました。

1　結果　　　　　　2　方法　　　　　　3　目標　　　　　4　問題

3. つぎのことばの使い方として最もよいものを、一つえらびなさい。

1) 解決

1　辞書で調べて、この言葉の意味を解決しました。

2　みんなが助けてくれたので、その問題はもう解決しました。

3　テストは難しくて、解決できませんでした。

4　いろいろ考えましたが、国へ帰ることに解決しました。

2)　破る

1　暑いので、ぼうしを破ったほうがいいですよ。

2　そのコップは破れていますから、気をつけてください。

3　彼女はその手紙を読むと、破りました。

4　髪が伸びたので、短く破りました。

4.　＿＿＿＿のことばの読み方として最もよいものを一つえらびなさい。

1)　そこに車を止めたら、歩く人に迷惑ですよ。

1　みいわく　　　　2　みわく　　　　3　めいわく　　　　4　めわく

2)　買ったものを入れたら、袋が破れました。

1　きれました　　　2　こわれました　　3　やぶれました　　4　われました

3)　このあいだのテストの結果はどうでしたか。

1　けいか　　　　2　けか　　　　　3　けつか　　　　4　けっか

5.　＿＿＿＿のことばを漢字で書くとき、最もよいものを一つえらびなさい。

1)　仕事がうまくいかなくて、なやんでいます。

1　迷んで　　　　2　悩んで　　　　3　労んで　　　　4　怖んで

2)　旅行に行く日がきまりました。

1　結まりました　　2　決まりました　　3　確まりました　　4　満まりました

3)　この子はまだ小さいので、自分で靴のひもをむすぶことができません。

1　結ぶ　　　　　2　交ぶ　　　　　3　集ぶ　　　　　4　接ぶ

4)　一人で知らない町を歩いていたら、道にまよってしまいました。

1　通って　　　　2　迷って　　　　3　過って　　　　4　送って

13

回目 お金

金銭

リスト p.82

やってみよう　正しいほうをえらびなさい。

1) 引っ越しの（　値段　費用　）は、50万円ぐらいかかった。

2) ガソリンの（　価格　現金　）が上がった。

3) この会社は（　金額　給料　）が安すぎるので、もう辞めたい。

4) カードではなく、（　現金　税金　）で支払った。

1. （　　　）に入れるのに最もよいものを、一つえらびなさい。

1) このアパートの（　　　　）は、1か月7万円です。

　1　貯金　　　　　2　番号　　　　　3　税金　　　　　4　家賃

2) 今日は（　　　）が入ったので、家族にケーキを買った。

　1　給料　　　　　2　金額　　　　　3　合計　　　　　4　費用

3) 今月の電気の（　　　　）は、1万円だった。

　1　給料　　　　　2　現金　　　　　3　貯金　　　　　4　料金

4) 食事にかかったお金は、（　　　　）5,500円です。

　1　計算　　　　　2　合計　　　　　3　計画　　　　　4　時計

5) 雨が降らないので、野菜の（　　　　）が上がっている。

　1　値段　　　　　2　給料　　　　　3　販売　　　　　4　料理

2. ＿＿＿＿に意味が最も近いものを、一つえらびなさい。

1) 最近、お金を節約している。

　1　使わないようにしている　　　　　2　あげないようにしている

　3　持つようにしている　　　　　　　4　もらうようにしている

2) 50万円貯金した。

1　あげた　　　　　2　かりた　　　　　3　ためた　　　　　4　もらった

3. つぎのことばの使い方として最もよいものを、一つえらびなさい。

1) 品物

1　今朝乗っていた電車の中に、品物をしてしまった。

2　この料理には、どんな品物が入っているんですか。

3　あのスーパーは新しくてきれいだが、品物がよくない。

4　結婚式のドレスは買ったものではなく、品物です。

2) 支払う

1　大学の授業料は、今週、1年分まとめて支払うつもりだ。

2　お金が足りなかったので、銀行でお金を支払うことにした。

3　誰にも気がつかれないように、周りに注意を支払った。

4　父は誕生日のプレゼントとして、兄に現金で1万円支払った。

4. ＿＿＿＿のことばの読み方として最もよいものを一つえらびなさい。

1) 今年から、税金が上がった。

1　ぜいきん　　　　2　ぜいぎん　　　　3　せっきん　　　　4　ぜっきん

2) できれば、給料がいい会社で働きたい。

1　きゅうりょ　　　2　きゅうりょう　　3　きゅりょ　　　　4　きゅりょう

5. ＿＿＿＿のことばを漢字で書くとき、最もよいものを一つえらびなさい。

1) この町は物の値段が安いので、せいかつひが安くすむ。

1　生活代　　　　　2　生活料　　　　　3　生活費　　　　　4　生活金

2) 車の修理に5万円はらった。

1　売った　　　　　2　破った　　　　　3　用った　　　　　4　払った

14

回目 旅行・交通
旅行、交通

リスト p.83

やってみよう　正しいほうをえらびなさい。

1) 電車が駅に （ 出発　到着 ） しました。

2) 時間がないので、（ 急いで　のんびり ） 行きましょう。

3) この電車は、特急 （ 券　費 ） が必要です。

4) あの人が投げるボールは （ 早い　速い ） です。

1. （　　）に入れるのに最もよいものを、一つえらびなさい。

1) 空港へ友達を （　　　　） に行きました。

1　取り消し　　　　2　届け　　　　　3　眺め　　　　　4　見送り

2) 「駐車 （　　　　）」はここに車を止めてはいけないという意味です。

1　禁止　　　　　　2　中止　　　　　3　混雑　　　　　4　無理

3) 山の上からきれいな景色を （　　　　）。

1　観光しました　　2　感動しました　　3　眺めました　　4　見えました

4) 友達を車に （　　　　）、いっしょにドライブに出かけました。

1　入れて　　　　　2　連れて　　　　3　乗って　　　　4　乗せて

5) うちから駅まで自転車で （　　　　） しています。

1　移動　　　　　　2　運転　　　　　3　進行　　　　　4　到着

2. ＿＿＿＿に意味が最も近いものを、一つえらびなさい。

1) 車が来ないかどうか確認してから、道を<u>横断する</u>。

1　通る　　　　　　2　曲がる　　　　3　まっすぐ行く　　4　渡る

28

2) 昨日（きのう）は大きなイベントがあったので、町は混雑（こんざつ）していました。

1　危（あぶ）なかったです　　　　　　　　2　うるさかったです

3　汚（きたな）かったです　　　　　　　　4　人が多かったです

3. つぎのことばの使い方として最もよいものを、一つえらびなさい。

1)　取（と）り消（け）す

1　大雨で、今日のサッカーの試合は取（と）り消（け）しました。

2　できることなら、悲（かな）しい思い出をすべて取（と）り消（け）したい。

3　誰（だれ）もいないので、部屋（へや）の電気を取（と）り消（け）しました。

4　都合が悪くなったので、レストランの予約（よやく）を取（と）り消（け）しました。

2)　道路

1　駅まで行きたいんですが、道路を教えてください。

2　道を歩いているとき、目の前で道路事故（じこ）が起きて、びっくりしました。

3　事故（じこ）があったので、この先は道路ができません。

4　道路を渡（わた）るときは、車に気をつけてください。

4. ＿＿＿＿＿のことばの読み方として最もよいものを一つえらびなさい。

1)　わたしは車で通勤しています。

1　つうかん　　　　2　つうきん　　　　3　つうじん　　　　4　つうちん

2)　この道は横断禁止ですから、渡（わた）らないでください。

1　おうだんきんし　　　　　　　　2　おうだんぎんし

3　おだんきんし　　　　　　　　　4　おだんぎんし

5. ＿＿＿＿＿のことばを漢字で書くとき、最もよいものを一つえらびなさい。

1)　彼（かれ）はいつもとなりの駅から電車にのってきます。

1　到って　　　　　2　乗って　　　　　3　上って　　　　　4　登って

2)　あのどうろは工事中で、通れません。

1　土道　　　　　　2　通路　　　　　　3　道路　　　　　　4　歩道

15 回目 仕事（1）—就職する—

工作（1）求職

リスト p.84

やってみよう 正しいほうをえらびなさい。

1) 卒業したら、どんな（ 就職　職業 ）に就きたいですか。

2) 父は（ 企業　職業 ）に勤めています。

3) 駅前に新しくできたスーパーのアルバイトに（ 応募　募集 ）しました。

4) しめ切りまでに（ 面接　申込書 ）を出してください。

5) この町は工業が（ 発生　発展 ）している。

1. （　　　）に入れるのに最もよいものを、一つえらびなさい。

1) となりの町の工場では夜遅い時間に働ける人を（　　　）しています。
1　就職　　　　　2　職業　　　　　3　産業　　　　　4　募集

2) この国は（　　　）が盛んで、外国に野菜や果物を輸出しています。
1　企業　　　　　2　工業　　　　　3　職業　　　　　4　農業

3) 彼は仕事で（　　　）して、会社を大きくした。
1　合格　　　　　2　就職　　　　　3　成功　　　　　4　発展

4) 面接で、日本に来た（　　　）について聞かれました。
1　関心　　　　　2　魅力　　　　　3　目的　　　　　4　目標

5) 会議室を使いたいときは、事務室に（　　　）ください。
1　片付けて　　　2　知り合って　　3　立ち止まって　　4　申し込んで

2. ＿＿＿＿に意味が最も近いものを、一つえらびなさい。

1) 名前と住所を記入しました。
1　教えました　　2　覚えました　　3　書きました　　4　聞きました

30

2) 有名で、給料がいい企業で働きたいです。

1 会社 　　　　　 2 職業 　　　　　 3 仕事 　　　　　 4 社員

3. つぎのことばの使い方として最もよいものを、一つえらびなさい。

1) 訓練

1 健康のために、わたしは毎日１時間訓練しています。

2 この犬は警察犬になるために訓練されました。

3 わたしは毎日たくさん漢字を書いて、訓練します。

4 何か問題が起きたら、部長に訓練します。

2) 発展

1 彼は日本の会社に就職してから、日本語がとても発展しました。

2 あの社員は10年前に比べてとても発展しました。

3 町の経済が発展して、高いビルが増えました。

4 仕事中に、地震が発展して、怖かったです。

4. ＿＿＿＿のことばの読み方として最もよいものを一つえらびなさい。

1) コンテストの参加者を募集しています。

1 ほうしゅう 　　 2 ほしゅう 　　 3 ぼうしゅう 　　 4 ぼしゅう

2) 漢字には音読みと訓読みがあります。

1 かんよみ 　　 2 きんよみ 　　 3 くんよみ 　　 4 せんよみ

5. ＿＿＿＿のことばを漢字で書くとき、最もよいものを一つえらびなさい。

1) 将来、どんな仕事につきたいですか。

1 職きたい 　　 2 就きたい 　　 3 仕きたい 　　 4 勤きたい

2) 毎日、面接のれんしゅうをしています。

1 研習 　　　　 2 練習 　　　　 3 訓習 　　　　 4 運習

16 回目 仕事（2）—工場—
工作（2）工厂

リスト　p.85

やってみよう　正しいほうをえらびなさい。

1) みんなで協力して作業を（　進みます　進めます　）。

2) 近所の店で電気（　製品　品物　）を買います。

3) 部屋が暑いので、エアコンの温度を（　修理　調節　）します。

4) この仕事の（　手段　担当　）は誰ですか。

5) 先月、新しいビルが（　完成　作業　）しました。

1. （　　　）に入れるのに最もよいものを、一つえらびなさい。

1) このパソコンは日本（　　　　）です。

1　物　　　　　　　2　産　　　　　　　3　製　　　　　　　4　用

2) 科学技術が（　　　　　）して、生活が便利になりました。

1　出発　　　　　　2　進行　　　　　　3　進歩　　　　　　4　成長

3) 壊れた機械を（　　　　　）してもらいました。

1　完成　　　　　　2　作業　　　　　　3　修理　　　　　　4　指示

4) みんな集まったら、（　　　　　）を始めましょう。

1　作業　　　　　　2　手段　　　　　　3　担当　　　　　　4　方法

5) ごみを（　　　　）するのにも、お金がかかります。

1　修理　　　　　　2　処理　　　　　　3　調節　　　　　　4　提出

2. _____に意味が最も近いものを、一つえらびなさい。

1) 来週のスケジュールを確認します。

1　おぼえます　　　2　たしかめます　　　3　まかせます　　　4　もらいます

32

2) この工場ではさまざまな機械を使用しています。

1 すてて　　　　　2 つかって　　　　3 つくって　　　　4 なおして

3. つぎのことばの使い方として最もよいものを、一つえらびなさい。

1) 特長

1 足が特長で、サイズの合う靴がありません。

2 あの電車は特長なので、次の駅には止まりません。

3 この製品のいちばんの特長を教えてください。

4 この工場では特長の方法で製品を作っています。

2) 調節

1 やり方を間違えたので、初めから調節しました。

2 よく聞こえないので、テレビの音を調節しました。

3 机の引き出しの中の物が多いので、調節しました。

4 旅行に行きたいので、生活費を調節します。

4. ＿＿＿＿のことばの読み方として最もよいものを一つえらびなさい。

1) このごみを処理してください。

1 しゅり　　　　2 しょうり　　　　3 しょり　　　　4 ちょうり

2) そこへ行くための移動の手段は3つある。

1 しゅうたん　　　2 しゅたん　　　3 しゅだん　　　4 てだん

5. ＿＿＿＿のことばを漢字で書くとき、最もよいものを一つえらびなさい。

1) 会社の先輩から仕事のしじを受けました。

1 指時　　　　　2 指示　　　　　3 指持　　　　　4 指自

2) この工場ではいろいろなせいひんを作っています。

1 産品　　　　　2 生品　　　　　3 成品　　　　　4 製品

やってみよう　正しいほうをえらびなさい。

1) あの店の（ 営業　経営 ）時間は、何時から何時までですか。

2) この仕事を5時までに（ 済ませる　済む ）つもりです。

3) この仕事を（ 引き受けて　受け取って ）くれませんか。

4) この問題は会社に（ 責任　手続き ）があります。

Ⅰ.（ 　　 ）に入れるのに最もよいものを、一つえらびなさい。

1) 父は社長で、会社を（ 　　　 ）しています。
   1 営業　　　　　2 経営　　　　　3 就職　　　　　4 出張

2) 1週間（ 　　　 ）を取って、家族と旅行に行きます。
   1 休暇　　　　　2 申請　　　　　3 注文　　　　　4 予約

3) あさってから10日間、仕事で海外に（ 　　　 ）することになりました。
   1 参加　　　　　2 就職　　　　　3 出張　　　　　4 通勤

4) 夏休みに海外旅行がしたいので、インターネットで（ 　　　 ）を集めます。
   1 事務　　　　　2 情報　　　　　3 責任　　　　　4 連絡

5) この店は朝10時から夜8時まで（ 　　　 ）しています。
   1 営業　　　　　2 申請　　　　　3 経営　　　　　4 進行

2. 　　　　に意味が最も近いものを、一つえらびなさい。

1) 田中さんは今オフィスにいます。
   1 教室　　　　　2 工場　　　　　3 事務所　　　　　4 食堂

2) 彼はわたしの同僚です。

1　同じアパートの人　　　　　　　　2　同じ会社の人

3　同じ国の人　　　　　　　　　　　4　同じ年の人

3. つぎのことばの使い方として最もよいものを、一つえらびなさい。

1) 遅刻

1　雨でバスの到着が30分も遅刻しました。

2　1時間も寝坊して、会議に遅刻しました。

3　この時計は壊れていて、いつも5分遅刻しています。

4　作業が遅刻してしまって、すみませんでした。

2) 書類

1　この書類に住所と名前を書いてください。

2　この店ではえんぴつや消しゴムなどの書類を売っています。

3　レポートを書くために、図書館で必要な書類を探しました。

4　本屋で経済の書類を2冊買いました。

4. ＿＿＿＿のことばの読み方として最もよいものを一つえらびなさい。

1) いつか自分の会社を経営したい。

1　けいえ　　　　　2　けいえい　　　　　3　けえ　　　　　4　けえい

2) 彼女はこの問題を解決する能力があります。

1　のうりき　　　　2　のうりょく　　　　3　のりょうく　　　4　のりょく

5. ＿＿＿＿のことばを漢字で書くとき、最もよいものを一つえらびなさい。

1) 彼女はこの会社ができてからずっと社長をつとめています。

1　任めて　　　　　2　務めて　　　　　3　就めて　　　　　4　職めて

2) 約束の時間におくれないようにしてください。

1　遅れない　　　　2　過れない　　　　3　速れない　　　　4　迷れない

どのぐらい？

多少？

リスト p.87

やってみよう 正しいほうをえらびなさい。

1) 給料（きゅうりょう）が2（ 量 倍 ）になって、うれしいです。

2) 町の人口が10年前より（ 占め 減り ）ました。

3) 学生の数がおととしより100人（ 数えた 増えた ）。

4) 去年の夏の（ 最近（さいきん） 最高（さいこう） ）気温（きおん）は40度でした。

5) イベントの後で、（ 大勢（おおぜい） 大量 ）のごみが出ました。

I. （ ）に入れるのに最もよいものを、一つえらびなさい。

1) 今年の夏はいろいろなところに行けて、（ ）に楽しかった。

1 最高（さいこう）　　2 全体（ぜんたい）　　3 大量　　4 部分（ぶぶん）

2) 留学生（りゅうがくせい）はこの学校の学生の20パーセントを（ ）います。

1 数えて　　2 占めて　　3 取（と）って　　4 持って

3) 町の人口が約（やく）半分に（ ）。

1 そだちました　　2 のびました　　3 はかりました　　4 へりました

4) 20年前に比（くら）べて、企業（きぎょう）の数が（ ）になりました。

1 半　　2 倍　　3 約（やく）　　4 量

5) この地図を見れば、町（ ）の様子（ようす）がわかります。

1 合計　　2 全員（ぜんいん）　　3 全体（ぜんたい）　　4 平均（へいきん）

2. _____ に意味が最も近いものを、一つえらびなさい。

1) お金があまったので、貯金（ちょきん）しました。

1 なくなった　　2 足りた　　3 残（のこ）った　　4 増えた

2)　あの人は最低な人です。

1　小さい　　　　　2　背が低い　　　　3　ひどい　　　　4　若い

3.　つぎのことばの使い方として最もよいものを、一つえらびなさい。

1)　占める

1　うちから駅まで車で約20分占めます。

2　彼は車が好きで、3台占めています。

3　いろいろなことが心配で、自分の将来を占めてもらいました。

4　社長の意見に反対する社員は全体の半分を占めています。

2)　程度

1　その木の高さは3メートル程度です。

2　この料理の塩の量は程度でいいです。

3　あの新しいビルは、夏程度には完成するでしょう。

4　毎朝、7時程度に起きて、8時に家を出ます。

4.　＿＿＿＿のことばの読み方として最もよいものを一つえらびなさい。

1)　わたしたちの地球のために、ごみの量を減らしましょう。

1　かず　　　　　2　かん　　　　　3　ふくろ　　　　4　りょう

2)　この町は人口が増加しています。

1　そうか　　　　2　そか　　　　　3　ぞうか　　　　4　ぞか

5.　＿＿＿＿のことばを漢字で書くとき、最もよいものを一つえらびなさい。

1)　今ここに何人いるか、かぞえてください。

1　教えて　　　　2　数えて　　　　3　増えて　　　　4　考えて

2)　この大学は毎年、学生がげんしょうしています。

1　落少　　　　　2　減少　　　　　3　混少　　　　　4　流少

19回目 場所（ばしょ）

場所（ばしょ）

リスト　p.88

やってみよう　正しいほうをえらびなさい。

1) 夕方になって、（　辺（あた）り　近所　）が暗くなってきました。

2) 飛行機（ひこうき）の窓（まど）（　側　向き　）の席を予約しました。

3) 駐車場（ちゅうしゃじょう）はこのビルの（　以下　地下　）1階（かい）です。

4) いすの（　向き　地方　）を変（か）えてください。

5) のどが痛（いた）くて、声が（　がらがら　どきどき　）です。

1.　（　　　）に入れるのに最もよいものを、一つえらびなさい。

1) この（　　　）に郵便局（ゆうびんきょく）はありませんか。

1　間　　　　　　2　辺（あた）り　　　　3　向き　　　　4　列

2) コンサートの席（せき）は前から2（　　　）目です。

1　回　　　　　　2　本　　　　　　3　列　　　　　4　枚（まい）

3) 道（まよ）に迷ったので、地図で駅の（　　　）を確認（かくにん）しました。

1　位置　　　　　2　間隔（かんかく）　　3　地方　　　　4　都会

4) となりの人とできるだけ（　　　）を空（あ）けて座（すわ）ってください。

1　辺（あた）り　　　2　位置　　　　　3　間隔（かんかく）　　4　部分（ぶぶん）

5) 休みの日は子どもといっしょに公園（こうえん）を（　　　）散歩（さんぽ）します。

1　がらがら　　　2　ぐっすり　　　3　どきどき　　　4　ぶらぶら

2.　_____に意味が最も近いものを、一つえらびなさい。

1) 昨日（きのう）行ったレストランはがらがらでした。

1　うるさかったです　　　　　　　2　きれいでした

3　こんでいました　　　　　　　　4　すいていました

38

2) いすとテーブルの<u>位置</u>を決めました。

1　大きさ　　　　　2　形　　　　　　　3　高さ　　　　　　4　場所

3. つぎのことばの使い方として最もよいものを、一つえらびなさい。

1) 地方

1　A 駅はこの道をまっすぐ行ったところにあるビルの南の<u>地方</u>にあります。

2　この<u>地方</u>の習慣を知らないので、教えてください。

3　銀行の<u>地方</u>がわからないんですが、教えていただけませんか。

4　その店はこの建物の<u>地方</u>の階にありますから、あの階段を下りてください。

2) うろうろ

1　危ないですから、バスの窓から手を<u>うろうろ</u>しないでください。

2　昨日の晩から熱があって、頭が<u>うろうろ</u>しています。

3　初めての町で道がわからなくて、<u>うろうろ</u>しました。

4　たくさんの人の前で話すのは、<u>うろうろ</u>します。

4. ＿＿＿＿のことばの読み方として最もよいものを一つえらびなさい。

1) 日本の<u>首都</u>は東京です。

1　しゅうと　　　　2　しゅうとう　　　3　しゅと　　　　　4　しゅど

2) 店の前の長い<u>列</u>に並びました。

1　りつ　　　　　　2　れい　　　　　　3　れつ　　　　　　4　れん

5. ＿＿＿＿のことばを漢字で書くとき、最もよいものを一つえらびなさい。

1) 顔を右に<u>むけて</u>ください。

1　向けて　　　　　2　示けて　　　　　3　回けて　　　　　4　合けて

2) スピーチコンテストで1<u>い</u>になりました。

1　首　　　　　　　2　位　　　　　　　3　点　　　　　　　4　置

1. （　　　）に入れるのに最もよいものを、一つえらびなさい。

1）　5歳のとき、家が火事になったが、（　　　）のことはあまり覚（おぼ）えていない。

1　期間　　　　　　2　今後　　　　　　3　当時（とうじ）　　　　4　平日（へいじつ）

2）　学生の夏休みのように、（　　　）の休みが取（と）れたら何をしたいですか。

1　過去（かこ）　　　　2　現在　　　　　3　最新　　　　　　4　長期（ちょうき）

3）　だんだん空が明るくなって、夜が（　　　）きた。

1　明けて　　　　　2　開いて　　　　　3　終わって　　　　4　たって

4）　わたしの仕事は、土日は休みですが、（　　　）はとても忙（いそが）しいです。

1　短期　　　　　　2　休日　　　　　　3　平日（へいじつ）　　4　未来

5）　失敗（しっぱい）しないように、（　　　）の計画をもう一度考えましょう。

1　当時（とうじ）　　　2　今後　　　　　3　最新　　　　　　4　過去（かこ）

2. ＿＿＿に意味が最も近いものを、一つえらびなさい。

1）　大切なテストがあったのに、当日（とうじつ）寝坊（ねぼう）してしまって受（う）けられなかった。

1　その間　　　　　2　それから　　　　3　その日　　　　　4　その後

2）　時間がたつのを忘（わす）れるぐらい、この本はおもしろいですよ。

1　変（か）わる　　　2　終わる　　　　3　過（す）ぎる　　　4　止まる

3. つぎのことばの使い方として最もよいものを、一つえらびなさい。

1）　おしまい

1　もう9時なので、そろそろパーティーはおしまいにしましょう。

2　このゲームは人気があるので、どの店でもおしまいです。

3　このレポートはあしたがおしまいだから、早く書かなければいけない。

4　マラソン大会でおしまいになったのは、あの人です。

2) 時刻

1 友達（ともだち）と旅行する<u>時刻</u>は、月曜から１週間です。

2 昨日（きのう）の夜はどのぐらいの<u>時刻</u>、勉強しましたか。

3 開会式（かいかいしき）が始まる<u>時刻</u>は、午後２時だそうです。

4 わたしは長い<u>時刻</u>、日本語の勉強を続（つづ）けています。

4. _____ **のことばの読み方として最もよいものを一つえらびなさい。**

１) もうすぐ仕事が始まる<u>時刻</u>です。

1 じかん　　　　2 じき　　　　　3 じこく　　　　4 じこ

2) いつも<u>最新</u>のニュースをチェックしています。

1 さつしん　　　2 さいしん　　　3 ついしん　　　4 たいしん

3) 彼（かれ）は、授業（じゅぎょう）が終わるころ<u>現れた</u>。

1 あらわれた　　2 おくれた　　　3 つかれた　　　4 よばれた

4) 夏休みの<u>期間</u>は、どこのプールも混（こ）んでいます。

1 きかん　　　　2 きゅうか　　　3 じかん　　　　4 きせつ

5. _____ **のことばを漢字で書くとき、最もよいものを一つえらびなさい。**

１) 決められた時間より<u>みじかい</u>時間で、仕事が終わりました。

1 短い　　　　　2 知い　　　　　3 速い　　　　　4 豆い

2) 母はずっと病気でしたが、<u>げんざい</u>はよくなりました。

1 今在　　　　　2 減在　　　　　3 現在　　　　　4 観在

3) 夏休みに、<u>たんき</u>のアルバイトをやってみるつもりだ。

1 短来　　　　　2 短期　　　　　3 短記　　　　　4 短気

4) この国の<u>みらい</u>を作るのは、今の子どもたちだ。

1 美来　　　　　2 未来　　　　　3 味来　　　　　4 見来

21
回目

動詞（1）—いくつかの意味があることば—

动词（1）多义词

リスト p.90

やってみよう　正しいほうをえらびなさい。

1) あの人は電話を持っていないので、連絡が（　出ない　取れない　）んです。

2) コンサートに行ったら友達がいたので、声を（　かけた　立てた　）。

3) 天気予報が（　当たって　付いて　）、今日は1日いい天気だった。

4) あの人、付き合っていた女性に（　かけられた　振られた　）らしいよ。

1.（　　　　）に入れるのに最もよいものを、一つえらびなさい。

1) 今度の土曜は都合が（　　　　）から、ボランティアに参加することにした。

1　決まった　　　　2　付いた　　　　3　出せた　　　　4　取れた

2) 試験合格という目標を（　　　　）勉強している。

1　受けて　　　　2　かけて　　　　3　立てて　　　　4　はかって

3) 選手は試合の後、応援してくれた人たちに手を（　　　　）。

1　配った　　　　2　振った　　　　3　かけた　　　　4　破った

4) あしたは3時からの会議に（　　　　）なりません。

1　かけなければ　　2　置かなければ　　3　しなければ　　4　出なければ

5) 駅の前で、女の人がこの紙を（　　　　）いましたよ。

1　配って　　　　2　試して　　　　3　ためて　　　　4　払って

2.　_____に意味が最も近いものを、一つえらびなさい。

1) わたしの父は、学校を出てから40年働いているそうです。

1　就職して　　　2　卒業して　　　3　中止して　　　4　入学して

2) 友達と京都に行く計画を立てました。

1　急ぎました　　　2　考えました　　　3　もらいました　　　4　やめました

3. つぎのことばの使い方として最もよいものを、一つえらびなさい。

1) かける

1　ソファーで寝ている弟に、毛布をかけた。

2　この本は、あそこの本棚にかけてください。

3　書類は5枚ずつかけて、置いておきましょう。

4　さっき買ったワインを、冷蔵庫にかけた。

2) 当たる

1　昨日は、母から当たった服を着て、学校へ行った。

2　さっきから、誰かが何回もドアを当たっている。

3　友達が投げたボールが、体に当たってしまって痛い。

4　彼は希望の会社に当たって、仕事を始めた。

4. ＿＿＿＿のことばの読み方として最もよいものを一つえらびなさい。

1) 服にしょう油が付いている。

1　ついて　　　　　2　ういて　　　　　3　ふいて　　　　　4　おいて

2) ここから1枚、紙を取ってください。

1　きって　　　　　2　くばって　　　　3　とって　　　　　4　もって

5. ＿＿＿＿のことばを漢字で書くとき、最もよいものを一つえらびなさい。

1) わたしは子どものことがいつもしんぱいです。

1　心配　　　　　　2　心記　　　　　　3　心助　　　　　　4　心認

2) ボールを投げたら、まどに当たりました。

1　石　　　　　　　2　床　　　　　　　3　客　　　　　　　4　窓

1. （　　　）に入れるのに最もよいものを、一つえらびなさい。

1）学校から（　　　）書類をなくしてしまった。

1　放した　　　　　2　受けた　　　　　3　受け取った　　　4　付き合った

2）彼は足を（　　　）いすに座った。

1　入れて　　　　　2　重ねて　　　　　3　組んで　　　　　4　進めて

3）犬が庭におもちゃを（　　　）います。

1　うめて　　　　　2　しめて　　　　　3　とめて　　　　　4　にぎって

4）あそこの公園の運動場は、周りを木に（　　　）います。

1　かけられて　　2　かこまれて　　3　こすられて　　4　ほられて

2. _____ に意味が最も近いものを、一つえらびなさい。

1）生まれた町から離れて、生活しています。

1　いつも同じように　　　　　　　　　2　いつも楽しく

3　遠いところに行って　　　　　　　　4　どこにも行かないで

2）テストの結果がよくなかったので、かばんに隠した。

1　すぐ出せるように、しまった　　　　2　誰にも見られないように、しまった

3　一つにまとめて、しまった　　　　　4　他の物を出して、しまった

3. つぎのことばの使い方として最もよいものを、一つえらびなさい。

1）掘る

1　コップを棚から掘って、テーブルに置いてください。

2　掃除のときに本棚を倒して、かべを掘ってしまった。

3　庭に穴を掘ってから、木を植えましょう。

4　猫が箱を掘って、中に入っていった。

2) たたく

1 このボタンをたたくと、コーヒーが出てきますよ。

2 自転車に乗った人が車にたたかれたのを見てしまった。

3 夜遅くに、急にドアをたたく音がしてびっくりした。

4 彼は何時間もサッカーボールをたたいて、練習していた。

4. ＿＿＿＿のことばの読み方として最もよいものを一つえらびなさい。

1) ここで転ばないように気をつけてください。

1 あそばない　　2 ころばない　　3 さけばない　　4 よばない

2) 交通ルールを守るのは、大切なことです。

1 きめる　　2 みせる　　3 まもる　　4 しる

3) 大事な約束を忘れてしまった。

1 しゅくだい　　2 れんしゅう　　3 もくてき　　4 やくそく

4) この曲は200年ぐらい前に作られました。

1 きょく　　2 くつ　　3 さら　　4 ふく

5. ＿＿＿＿のことばを漢字で書くとき、最もよいものを一つえらびなさい。

1) あの人は、えがおがすてきな人です。

1 笑類　　2 笑顔　　3 笑観　　4 笑様

2) 友達の家に遊びに行ったけれど、るすだった。

1 留守　　2 留束　　3 留家　　4 留所

3) ゆりさんは、指でスプーンをまげることができる。

1 当げる　　2 向げる　　3 曲げる　　4 目げる

4) 昨日、姉が知らない男性と腕をくんで歩いているのを見た。

1 組んで　　2 結んで　　3 細んで　　4 給んで

1.（　　　）に入れるのに最もよいものを、一つえらびなさい。

1) 10年後、自分がどんな生活をしているか全く（　　　）できない。

1　決心　　　　　　2　自慢　　　　　　3　想像　　　　　　4　募集

2) みんなに言われてやっと、彼は自分の間違いを（　　　）。

1　受けた　　　　　2　答えた　　　　　3　認めた　　　　　4　許した

3) あの人が話したことはうそだったのに、全員が（　　　）しまった。

1　疑って　　　　　2　信じて　　　　　3　話して　　　　　4　守って

4) 父は病気になったとき、もうたばこは吸わないと（　　　）したそうだ。

1　解決　　　　　　2　決心　　　　　　3　節約　　　　　　4　説明

5) 家族が見ているテレビが気になって、宿題に（　　　）できない。

1　集中　　　　　　2　主張　　　　　　3　心配　　　　　　4　意見

2.　＿＿＿＿に意味が最も近いものを、一つえらびなさい。

1) みんなの意見をまとめて、レポートを書いた。

1　意志　　　　　　2　考え　　　　　　3　調査　　　　　　4　悩み

2) 来月のパーティーについて、二つか三つ、案を考えましょう。

1　アイディア　　　2　イベント　　　　3　メニュー　　　　4　スケジュール

3.　つぎのことばの使い方として最もよいものを、一つえらびなさい。

1) 疑う

1　彼女は今日のパーティーに来ないと疑います。

2　狭い道を歩くのは危ないと、母はわたしに疑った。

3　テストの問題が難しくて、答えを疑ってしまった。

4　他の人の言うことをすぐに疑うのはよくないよ。

2) うっかり

1 会社でいっしょに働いている人に、毎朝うっかりあいさつしている。

2 どうしてもほしいゲームがあるので、うっかり貯金するつもりだ。

3 話さないと約束していたのに、他の人にうっかり話してしまった。

4 来年は大学の入学試験を受けるので、今からうっかり勉強しようと思う。

4. _____ のことばの読み方として最もよいものを一つえらびなさい。

1) この映画、案外おもしろかったよ。

1 あがい   2 あんがい   3 あわい   4 あんわい

2) 彼の話が本当かどうか、疑っています。

1 うたがって   2 しって   3 まよって   4 わかって

3) 昨日の会議の内容を教えてください。

1 うちおう   2 うちよう   3 ないおう   4 ないよう

4) 日本語を英語に訳す。

1 かえす   2 なおす   3 もどす   4 やくす

5. _____ のことばを漢字で書くとき、最もよいものを一つえらびなさい。

1) 子どものいたずらだからゆるしてあげましょう。

1 許して   2 試して   3 計して   4 認して

2) あの人が来ないのは、何かわけがあるのでしょう。

1 別   2 理   3 訳   4 分

3) スピーチで何を話せばいいか、いいあんが思いつかない。

1 安   2 案   3 完   4 窓

4) ジュースをこぼして、かばんのうちがわを汚した。

1 内側   2 外側   3 中側   4 表側

24
話<ruby>はな</ruby>す
回目 说话

リスト p.94

1. （　　　）に入れるのに最もよいものを、一つえらびなさい。

1) 彼<ruby>かれ</ruby>が学校を辞<ruby>や</ruby>めるという（　　　）が、学校中に広がっている。

　1　いたずら　　　　2　インタビュー　　3　うわさ　　　　4　ユーモア

2) 今晩<ruby>こんばん</ruby>、卒業後<ruby>そつぎょうご</ruby>のことについて、両親<ruby>りょうしん</ruby>と（　　　）つもりだ。

　1　知り合う　　　　2　取<ruby>と</ruby>り消<ruby>け</ruby>す　　　3　話し合う　　　4　やり直<ruby>なお</ruby>す

3) 大学で、学生たちがボランティアへの参加<ruby>さんか</ruby>を（　　　）いた。

　1　注文して　　　　2　怒鳴<ruby>どな</ruby>って　　　3　認<ruby>みと</ruby>めて　　　4　呼びかけて

4) 歌が下手だと言ったのは、ただの（　　　）のつもりだったんです。

　1　うわさ　　　　　2　おしまい　　　3　じょうだん　　4　ひみつ

5) 自分の気持ちを言葉<ruby>ことば</ruby>で（　　　）のは、難<ruby>むずか</ruby>しいです。

　1　表<ruby>あらわ</ruby>す　　　　2　呼ぶ　　　　3　破<ruby>やぶ</ruby>る　　　4　許<ruby>ゆる</ruby>す

2. ＿＿＿に意味が最も近いものを、一つえらびなさい。

1) あの人はフランス語が<u>ぺらぺらだ</u>そうですよ。

　1　少し話せる　　　2　とても上手だ　　3　とても下手だ　　4　話せない

2) ここまでできたら、<u>報告して</u>くださいね。

　1　書いて　　　　　2　出して　　　　3　教えて　　　4　認<ruby>みと</ruby>めて

3. つぎのことばの使い方として最もよいものを、一つえらびなさい。

1) 慰<ruby>なぐさ</ruby>める

　1　家族が気持ちよく過<ruby>す</ruby>ごせるように、部屋<ruby>へや</ruby>をきれいに慰<ruby>なぐさ</ruby>めた。

　2　この商品<ruby>しょうひん</ruby>は服の汚<ruby>よご</ruby>れがよく落<ruby>お</ruby>ちるので、洗濯<ruby>せんたく</ruby>が慰<ruby>なぐさ</ruby>められます。

　3　大学に合格<ruby>ごうかく</ruby>できなかったわたしを、母は優<ruby>やさ</ruby>しく慰<ruby>なぐさ</ruby>めてくれた。

　4　運動して疲<ruby>つか</ruby>れましたから、ここに座<ruby>すわ</ruby>って体を慰<ruby>なぐさ</ruby>めましょう。

48

2) 怒鳴る

1　大きい声で歌を怒鳴っていたら、母にうるさいと言われた。

2　となりの家のおじいさんが、いたずらをした男の子を怒鳴った。

3　バスと自転車の事故のため、救急車が怒鳴りながら走っていった。

4　店に入ろうとしたら、列に並べと小声で怒鳴られた。

4. ＿＿＿＿のことばの読み方として最もよいものを一つえらびなさい。

1) 電車の中で、大声で話すと迷惑ですよ。

1　おおこえ　　　　2　おおごえ　　　　3　だいこえ　　　　4　だいごえ

2) 今日、新しいゲームの発売が発表されました。

1　はっひょう　　　2　はっひょ　　　　3　はっぴょ　　　　4　はっぴょう

3) 昨日の掃除のことで、母に怒られた。

1　ほめられた　　　2　おこられた　　　3　きめられた　　　4　しかられた

4) わたしの番になったら、呼んでくれますか。

1　もうしこんで　　2　えらんで　　　　3　さけんで　　　　4　よんで

5. ＿＿＿＿のことばを漢字で書くとき、最もよいものを一つえらびなさい。

1) これはあの人のお願いだから、ことわることはできません。

1　断る　　　　　　2　計る　　　　　　3　理る　　　　　　4　配る

2) 多くの人が、自分たちの主張をさけびながら歩いていた。

1　告び　　　　　　2　叫び　　　　　　3　呼び　　　　　　4　怒び

3) 試験の結果を先生にほうこくした。

1　報話　　　　　　2　報結　　　　　　3　報告　　　　　　4　報苦

4) わたしは、自分の気持ちを言葉でひょうげんするのが苦手だ。

1　表現　　　　　　2　果現　　　　　　3　発現　　　　　　4　集現

やってみよう 例のように、いっしょに使うことばをえらびなさい。

例) やさしい・　　　　　　　　・光
1) くわしい・　　　　　　　　・仕事
2) きつい　・　　　　　　　　・色
3) まぶしい・　　　　　　　　・説明
4) こい　　・　　　　　　　　・人

1. （　　　）に入れるのに最もよいものを、一つえらびなさい。

1) いい生活をしている人が（　　　　）です。
1 うらやましい　　2 うるさい　　　　3 つまらない　　4 きびしい

2) ここは（　　　　）坂だから、自転車でも簡単に登れる。
1 きつい　　　　2 怖い　　　　　　3 高い　　　　4 緩い

3) あの人は（　　　　）、クラスの友達ともあまり話しません。
1 おとなしくて　　2 賢くて　　　　3 詳しくて　　4 親しくて

4) 空が暗くなって、急に（　　　　）雨が降ってきた。
1 大きい　　　　2 多い　　　　　3 まぶしい　　4 はげしい

5) 昨日はサッカーの試合に負けて、とても（　　　　）。
1 くやしかった　　2 こわかった　　3 さびしかった　　4 まぶしかった

2. ＿＿＿に意味が最も近いものを、一つえらびなさい。

1) このナイフは鋭いので、使うときに気をつけてください。
1 切りにくい　　2 よく切れる　　3 とても重い　　4 とても小さい

2) 小さいころから、彼女（かのじょ）の家は貧（まず）しかった。

1　お金がなかった　　2　せまかった　　　3　人が多かった　　4　にぎやかだった

3. つぎのことばの使い方として最もよいものを、一つえらびなさい。

I) まぶしい

1　彼女（かのじょ）はいつもまぶしいので、みんなに人気があります。

2　たくさんの星が空にあって、まぶしくてきれいだった。

3　窓（まど）から入る光がまぶしいので、カーテンを閉めましょう。

4　この絵は色が暗いので、もう少しまぶしい色を使ったほうがいいですよ。

2) きつい

1　太ってしまったから、去年のスカートがきつくて、はけません。

2　昨日（きのう）買ったばかりのパンが、もうきつくなってしまった。

3　彼女（かのじょ）は大変（たいへん）なことがあっても負けない、きつくてすてきな人です。

4　父からもらったシャツがちょうど自分のサイズで、きつかった。

4. ＿＿＿＿のことばの読み方として最もよいものを一つえらびなさい。

I) あの人は賢（かしこ）いので、失敗（しっぱい）しないだろう。

1　したしい　　　　2　かしこい　　　　3　すごい　　　　4　するどい

2) わたしの留学（りゅうがく）の費用（ひよう）は、両親（りょうしん）にとって大きな負担です。

1　ふうたん　　　　2　ふたん　　　　3　ぶたん　　　　4　ふったん

5. ＿＿＿＿のことばを漢字で書くとき、最もよいものを一つえらびなさい。

I) この料理は味がこくて、あまり好きじゃないです。

1　温くて　　　　　2　減くて　　　　3　混くて　　　　4　濃くて

2) 一人でせいかつするのは大変（たいへん）です。

1　生活　　　　　2　生告　　　　3　生結　　　　4　生苦

26 回目 な形容詞など
な形容詞等

けいようし

リスト p.96

やってみよう 例のように、いっしょに使うことばをえらびなさい。

例) 地味な ・   ・ 人

1) 正直な ・   ・ 野菜
   しょうじき

2) 複雑な ・   ・ 服
   ふくざつ

3) 新鮮な ・   ・ 問題
   しんせん

4) 急な ・   ・ 坂
                      さか

1. (　　　) に入れるのに最もよいものを、一つえらびなさい。

1) 歩くだけの (　　　) 運動でも、健康にいいですよ。
                           けんこう

1 確実な　　　　2 正直な　　　　3 単純な　　　　4 当然な
           しょうじき   とうぜん

2) この仕事は少し (　　　) なので、みんなで分けたほうがいいと思う。

1 意外　　　　2 地味　　　　3 迷惑　　　　4 面倒
                       めいわく   めんどう

3) (　　　) 用事ができてしまったので、あしたは休ませていただきます。

1 主な　　　　2 急な　　　　3 豊かな　　　　4 地味な

4) これはわたしが直接確認した、(　　　) 情報です。
            ちょくせつかくにん   じょうほう

1 おかしな　　　2 新鮮な　　　3 確かな　　　4 派手な
             しんせん   たし   はで

5) 色もデザインも派手じゃない、(　　　) 服が好きです。
            はで

1 立派な　　　2 素直な　　　3 オーバーな　　　4 シンプルな
 りっぱ   すなお

2. ＿＿＿＿ に意味が最も近いものを、一つえらびなさい。

1) やせようと思って、あらゆる方法を試してみたが、だめだった。
                       ほうほう

1 教えられた　　2 考えた　　　3 ぜんぶの　　　4 たくさんの

52

2) 自分の間違いに気がついたら、正直に言ってください。

1　うそをつかないで　　　　　　　　2　間違わないで

3　もっと詳しく　　　　　　　　　　4　目を見て

3. つぎのことばの使い方として最もよいものを、一つえらびなさい。

1) 重大

1　母からもらった重大な時計を、箱に入れました。

2　新しい商品がぜんぜん売れないことは、重大な問題です。

3　この荷物は少し重大なので、気をつけて持ってください。

4　このクラスでいちばん重大な人は、田中さんです。

2) 主

1　駅前は人も店も多くて、この町でいちばん主な場所です。

2　父はとても主な病気になってしまいました。

3　今日の主なニュースをお知らせします。

4　あなたの人生でいちばん主なことは何ですか。

4. ＿＿＿＿＿のことばの読み方として最もよいものを一つえらびなさい。

1) こんなに勉強したのだから、次の試験は確実に合格するだろう。

1　かくざつ　　　　2　かくじつ　　　　3　かくしつ　　　　4　かくみ

2) この地方は、自然が豊かで、いいところですよ。

1　おおか　　　　　2　たしか　　　　　3　ほうか　　　　　4　ゆたか

5. ＿＿＿＿＿のことばを漢字で書くとき、最もよいものを一つえらびなさい。

1) 朝の電車はいつもこんざつしています。

1　混雑　　　　　　2　混確　　　　　　3　混務　　　　　　4　混複

2) これはたんじゅんな問題です。

1　短純　　　　　　2　単純　　　　　　3　多純　　　　　　4　当純

やってみよう　正しいほうをえらびなさい。

1) 今まで彼女と話したのは（　そっと　たった　）1回です。

2) 二つの箱の中の物を（　さっぱり　そっくり　）入れかえました。

3) 彼は外で遊ぶ子どもたちを（　ぼんやり　なるべく　）眺めていた。

4) 彼は授業中、（　自動的に　積極的に　）自分の意見を言った。

5) このりんごは（　ずいぶん　なるべく　）大きいですね。

1.（　　　）に入れるのに最もよいものを、一つえらびなさい。

1) 20年前と比べて、この町は（　　　　　）大きくなったなあ。

1　さっぱり　　　　　2　ずいぶん　　　　　3　ぼんやり　　　　　4　なるべく

2) この後も部屋を使うので、エアコンは（　　　　　）つけておいてください。

1　さっぱり　　　　　2　ぜんぜん　　　　　3　そっくり　　　　　4　そのまま

3) 息子は（　　　　　）半年の間に5センチも背が高くなった。

1　さすが　　　　　2　そっと　　　　　3　たった　　　　　4　つまり

4) 今年は（　　　　　）試験に合格したいので、がんばって勉強しないと。

1　完全に　　　　　2　絶対に　　　　　3　自動的に　　　　　4　積極的に

5) 今夜は勉強するということは、（　　　　　）映画は見ないということですね。

1　もっと　　　　　2　すべて　　　　　3　そっと　　　　　4　つまり

2.＿＿＿＿に意味が最も近いものを、一つえらびなさい。

1) 今日のテストは難しくて、全くわからなかった。

1　あまり　　　　　2　さっぱり　　　　　3　ほとんど　　　　　4　よく

2) 彼は部屋からそっと出ていった。

1 急いで　　　　　2 のんびり　　　　3 静かに　　　　4 一人で

3. つぎのことばの使い方として最もよいものを、一つえらびなさい。

1) なるべく

1 わたしは、なるべく毎日、日本語を勉強するようにしています。

2 今日の試合は勝ちたかったので、なるべくがんばりました。

3 来週のパーティーに来る人は、なるべく30人ぐらいです。

4 水と空気は、人間が生きるためになるべく必要です。

2) さすが

1 がんばって勉強したのに、テストの問題はさすが解けなかった。

2 買ったばかりのかばんなのに、さすが1週間で壊れてしまった。

3 天気が悪くなりそうだと思っていたら、さすが雨が降ってきたよ。

4 どの料理もとてもおいしくて、さすがプロの料理人ですね。

4. ＿＿＿のことばの読み方として最もよいものを一つえらびなさい。

1) 今日の仕事は全て終わりました。

1 すへて　　　　　2 すべて　　　　　3 せんて　　　　4 ぜんて

2) パーティーの準備は、順調に進んでいます。

1 しゅんちょう　　2 じゅんちょう　　3 すんちょう　　4 ずんちょう

5. ＿＿＿のことばを漢字で書くとき、最もよいものを一つえらびなさい。

1) 昨日の夜は、何も食べないでねてしまいました。

1 眠て　　　　　　2 床て　　　　　　3 寝て　　　　　4 宿て

2) あの人はぜったいにお酒を飲みません。

1 絶対　　　　　　2 接対　　　　　　3 決対　　　　　4 純対

28
回目　副詞（2）

副詞（2）

リスト　p.98

やってみよう　正しいほうをえらびなさい。

1) （　いよいよ　たまたま　）昨日やった問題がテストに出た。

2) 昨日見た映画は、（　まあまあ　まだまだ　）おもしろかったです。

3) 地震で家が（　からから　ぐらぐら　）と揺れました。

4) みんなの意見が（　からから　ばらばら　）に分かれてしまった。

1. （　　　　）に入れるのに最もよいものを、一つえらびなさい。

1) 夕方になって、コンサート会場は（　　　　）人が多くなってきた。

1　からから　　　　　2　たまたま　　　　　3　とんとん　　　　　4　ますます

2) 缶の中に小さい石が入っていて、（　　　　）と音がします。

1　からから　　　　　2　ぐらぐら　　　　　3　とんとん　　　　　4　ばらばら

3) 準備に2か月かかったスピーチ大会が（　　　　）始まります。

1　次々に　　　　　　2　突然　　　　　　　3　いよいよ　　　　　4　まだまだ

4) いい天気だったのに、（　　　　）空が暗くなって、雨が降ってきた。

1　今回　　　　　　　2　早速　　　　　　　3　次々　　　　　　　4　突然

5) 天気予報によると、この雪は（　　　　）やまないらしい。

1　たまたま　　　　　2　とっくに　　　　　3　まだまだ　　　　　4　ようやく

2. ＿＿＿＿に意味が最も近いものを、一つえらびなさい。

1) 病院で1時間待って、ようやく自分の番が来た。

1　すぐに　　　　　　2　つぎは　　　　　　3　やっと　　　　　　4　ゆっくり

56

2) 以前先生の家に伺（うかが）ったときに、彼女（かのじょ）と知り合ったんです。

1　先週　　　　　　　2　昨日（きのう）　　　　3　朝　　　　　　　　4　前に

3. つぎのことばの使い方として最もよいものを、一つえらびなさい。

1) 早速（さっそく）

1　この電車に乗れば、早速（さっそく）着くと思います。

2　新しいパソコンを買ったので、早速（さっそく）使ってみた。

3　あしたはいつもより早速（さっそく）起きなければいけません。

4　レポートのしめ切りは、早速（さっそく　す）過ぎましたよ。

2) 次々（つぎつぎ）と

1　この町は、新しいビルが次々（つぎつぎ）と建てられている。

2　彼（かれ）の日本語は次々（つぎつぎ）と上手になっていますね。

3　昨日（きのう）の午後は **4** 時間ぐらい次々（つぎつぎ）と勉強していた。

4　わたしは映画が好きで、次々（つぎつぎ）と映画館に行きます。

4. ＿＿＿＿のことばの読み方として最もよいものを一つえらびなさい。

1) お湯（ゆ）を沸（わ）かしてコーヒーを飲みましょう。

1　きかして　　　　　2　とかして　　　　　3　ふかして　　　　　4　わかして

2) 突然（とつぜん）、強い風が吹（ふ）いてきました。

1　いぜん　　　　　　2　しぜん　　　　　　3　つんぜん　　　　　4　とつぜん

5. ＿＿＿＿のことばを漢字で書くとき、最もよいものを一つえらびなさい。

1) じかいの会議（かいぎ）は水曜日に行います。

1　今回　　　　　　　2　以回　　　　　　　3　次回　　　　　　　4　来回

2) 海の近くできれいないしを拾（ひろ）った。

1　石　　　　　　　　2　実　　　　　　　　3　束　　　　　　　　4　豆

29

回目 カタカナの言葉（I）

外来語（1）

リスト p.99

I. （　　　）に入れるのに最もよいものを、一つえらびなさい。

1) あの店は、料理がおいしいし（　　　　　）もいいので人気がある。

1　サービス　　　　　2　スーパー　　　　　3　テーマ　　　　　4　レポート

2) 高田さんが電話に出ないので、（　　　　　）を残しておいた。

1　アイディア　　　　2　スピーチ　　　　　3　メッセージ　　　　4　レコード

3) 日本語で（　　　　）ができるようになって、うれしいです。

1　オーバー　　　　　2　グループ　　　　　3　コミュニケーション　4　ユーモア

4) マラソン選手が（　　　　　）を間違えて、走っていってしまった。

1　クリーム　　　　　2　コース　　　　　　3　セット　　　　　　4　プラン

5) テーブルといすの（　　　　　）を買った。

1　グループ　　　　　2　チャンス　　　　　3　セット　　　　　　4　プラン

2. ＿＿＿＿に意味が最も近いものを、一つえらびなさい。

1) 仕事が入ってしまったので、病院の予約をキャンセルした。

1　中止した　　　　　2　取った　　　　　　3　取り消した　　　　4　忘れた

2) あと5分で、サッカーの試合がスタートする。

1　終わる　　　　　　2　続く　　　　　　　3　止まる　　　　　　4　始まる

3. つぎのことばの使い方として最もよいものを、一つえらびなさい。

1) オーバー

1　京都の旅行では、買い物がオーバーしてお金を使いすぎた。

2　ワンさんは、スピーチで決められた時間を5分もオーバーした。

3　彼女は食事がオーバーしても太らないので、ちょっとうらやましい。

4　ガスの火がオーバーして、焼いていた牛肉がかたくなってしまった。

58

2) オープン

1 うちの近くに、新しいスーパーが<u>オープン</u>するらしい。

2 わたしが通う大学の授業(じゅぎょう)は、9時から<u>オープン</u>する。

3 パーティーは<u>オープン</u>ですから、いっしょに行きませんか。

4 刺身(さしみ)にするため、大きな魚のおなかを包丁(ほうちょう)で<u>オープン</u>した。

4. _____ のことばの読み方として最もよいものを一つえらびなさい。

1) 電気を<u>消して</u>ください。

1 おして   2 かして   3 おとして   4 けして

2) このクリームはかなり<u>甘い</u>。

1 あまい   2 うまい   3 からい   4 しろい

3) すみませんが、山中(やまなか)さんに「<u>遅(おく)れます</u>」と<u>伝えて</u>ください。

1 おしえて   2 おぼえて   3 こたえて   4 つたえて

4) あのレストランは人気があるので、<u>席(せき)を予約</u>しておいたほうがいいです。

1 よあく   2 ようやく   3 よやくう   4 よやく

5. _____ のことばを漢字で書くとき、最もよいものを一つえらびなさい。

1) これまで、日本に行く<u>きかい</u>が一度もありませんでした。

1 機回   2 機会   3 来回   4 来会

2) 時間になったので帰ろうとしたら、仕事を<u>たのまれて</u>しまった。

1 以まれて   2 飲まれて   3 頼まれて   4 問まれて

3) 次(つぎ)の日曜日は、ドライブに行く<u>よていだ</u>。

1 有体   2 予定   3 用体   4 予約

4) これは、昔(むかし)から日本に<u>つたわる</u>話だ。

1 通わる   2 教わる   3 注わる   4 伝わる

29

カタカナの言葉（一）

59

30
回目 カタカナの言葉 (2)
外来語（2）

リスト p.100

やってみよう 例のように、意味が近いことばをえらびなさい。

例) スピード・   ・印象
1) ゲーム　・   ・試合
2) イメージ・   ・切符
3) チケット・   ・速さ

1. （　　　）に入れるのに最もよいものを、一つえらびなさい。

1) あの歌手は人気があって、コンサートの（　　　）がなかなか買えない。
　1　エンジン　　　　2　チェック　　　　3　チケット　　　　4　ドラマ

2) 手をきれいに洗ってから、乾いた（　　　）でふきました。
　1　エアコン　　　　2　タオル　　　　3　トイレ　　　　4　ボタン

3) 車の（　　　）を見ていたら、買いたくなってきてしまった。
　1　イメージ　　　　2　カタログ　　　　3　チーム　　　　4　ドライブ

4) ハメスが（　　　）になってから、あのサッカーチームは強くなった。
　1　アルバイト　　　2　キャプテン　　　3　ダイエット　　　4　ハンサム

5) もっと速く走れるように、毎日（　　　）しています。
　1　オープン　　　　2　カバー　　　　3　コース　　　　4　トレーニング

2. ＿＿＿に意味が最も近いものを、一つえらびなさい。

1) チケットを持っていますか。
　1　切手　　　　2　切符　　　　3　はがき　　　　4　封筒

2) わたしは最近、人間関係の<u>トラブル</u>で悩んでいる。

1　こと　　　　　　2　世話　　　　　　3　間違い　　　　　4　問題

3. つぎのことばの使い方として最もよいものを、一つえらびなさい。

1) カット

1　もう遅いので、そろそろ仕事を<u>カット</u>して家に帰りましょう。

2　この部屋を出るときは、エアコンを<u>カット</u>してください。

3　高田さんは問題を起こして、会社から<u>カット</u>されてしまった。

4　暑くなったので、子どもたちの髪を短く<u>カット</u>した。

2) デザイン

1　そのドレス、ちょっと変わった<u>デザイン</u>ですね。

2　わたしは将来、家を買うことを<u>デザイン</u>している。

3　友達といっしょに来月の京都旅行を<u>デザイン</u>した。

4　山中さんの新しい家は、とても<u>デザイン</u>ですね。

4. ＿＿＿＿のことばの読み方として最もよいものを一つえらびなさい。

1) 初めて会ったとき、コーチの<u>印象</u>はあまりよくなかった。

1　いんしゅう　　2　いんしょう　　3　いんじょう　　4　いんぞう

2) 今夜は寒いから、<u>毛布</u>をもう一枚かけようと思う。

1　もうふ　　　　2　もっふ　　　　3　もふ　　　　　4　もふう

5. ＿＿＿＿のことばを漢字で書くとき、最もよいものを一つえらびなさい。

1) あなたが好きな<u>えいが</u>は何ですか。

1　映画　　　　　　2　映楽　　　　　　3　映学　　　　　4　映回

2) 息子は昼間たくさん<u>あそんだ</u>ので、疲れて早く寝た。

1　遊んだ　　　　　2　進んだ　　　　　3　運んだ　　　　4　休んだ

模擬試験

模拟题

問題 1 _____ のことばの読み方として最もよいものを、1・2・3・4から一つえらびなさい。

[1] あのレストランは朝7時から営業している。

　　1　えいぎょ　　　　2　えいぎょう　　　3　えぎょ　　　　　4　えぎょう

[2] 旅行の計画を立てましょう。

　　1　けいか　　　　　2　けいかく　　　　3　けいが　　　　　4　けいがく

[3] 友人のかばんを汚してしまいました。

　　1　こわして　　　　2　なくして　　　　3　ほして　　　　　4　よごして

[4] 危険ですから、道路で遊ばないでください。

　　1　どろ　　　　　　2　どろう　　　　　3　どうろ　　　　　4　どうろう

[5] 兄は大学を出て、銀行に就職した。

　　1　しゅうしゅく　　2　しゅうしょく　　3　しゅしゅく　　　4　しゅしょく

[6] りんごを大きさで分類して、箱に入れました。

　　1　ふんるい　　　　2　ふんれい　　　　3　ぶんるい　　　　4　ぶんれい

[7] 外で誰かが叫んでいますね。

　　1　あそんで　　　　2　ころんで　　　　3　さけんで　　　　4　よんで

[8] この部屋を使うときは、許可を取らなければならない。

　　1　きゅうか　　　　2　きゅか　　　　　3　きょうか　　　　4　きょか

問題2 ＿＿＿のことばを漢字で書くとき、最もよいものを、1・2・3・4から一つえら
びなさい。

9 この本は 難 しくて、ないようがよくわかりません。
    1　内客　　　　　　2　内案　　　　　　3　内容　　　　　　4　内突

10 子どもたちにお菓子をくばりました。
    1　届り　　　　　　2　配り　　　　　　3　付り　　　　　　4　給り

11 この店ではお酒をはんばいしていない。
    1　飯売　　　　　　2　飯買　　　　　　3　販売　　　　　　4　販買

12 住んでいる町のかこの様子について調べています。
    1　過古　　　　　　2　過去　　　　　　3　週古　　　　　　4　週去

13 インターネットで注文していた品物がとどいた。
    1　到いた　　　　　2　届いた　　　　　3　配いた　　　　　4　付いた

14 他の国の文化や言葉にかんしんがあります。
    1　間心　　　　　　2　簡心　　　　　　3　開心　　　　　　4　関心

問題3　（　　　）に入れるのに最もよいものを、1・2・3・4から一つえらびなさい。

15 子どもたちがテーブルを（　　　　）楽しそうにゲームをしている。
 1　配って   2　囲んで   3　重ねて   4　混ぜて

16 自分でしっかりと（　　　　）を立てて、努力を続けています。
 1　結果   2　特長   3　整理   4　目標

17 あわてていたので、（　　　　）反対の方向に行く電車に乗ってしまった。
 1　うっかり   2　さっぱり   3　せっかく   4　そっくり

18 朝の時間は2、3分（　　　　）で電車が来るが、どの電車も混んでいる。
 1　間隔   2　期間   3　時刻   4　短期

19 このラーメン店はとても人気で、お客さんが（　　　　）を作って並んでいる。
 1　券   2　線   3　波   4　列

20 両親はわたしがいい大学に入ることを（　　　　）しています。
 1　確認   2　期待   3　指導   4　理解

21 急に予定が入ってしまったので、友人との約束を（　　　　）した。
 1　オーバー   2　カット   3　キャンセル   4　セット

22 一人ではなく何人かの人が関係していると、問題は（　　　　）になる。
 1　確実   2　不安   3　順調   4　複雑

23 赤いセーターをどこに（　　　　）のかわからなくて、ずっと探している。
 1　かさねた   2　しまった   3　ためた   4　はさんだ

24 昨日から熱があって頭が（　　　　　）するので、仕事を休んだ。

　　　1　がらがら　　　　　2　からから　　　　　3　ぶらぶら　　　　　4　ふらふら

25 となりの部屋がうるさくて、勉強に（　　　　　）することができない。

　　　1　参加　　　　　　　2　集中　　　　　　　3　成功　　　　　　　4　努力

問題4　＿＿＿に意味が最も近いものを、1・2・3・4から一つえらびなさい。

26 駅から 10 キロも歩いて、くたびれた。

　　　1　大変だった　　　　2　疲れた　　　　　　3　遅くなった　　　　4　道を間違えた

27 晩ご飯の支度をしましょう。

　　　1　買い物　　　　　　2　準備　　　　　　　3　手伝い　　　　　　4　注文

28 いい天気だったのに、突然雨が降り始めた。

　　　1　だんだん　　　　　2　急に　　　　　　　3　少し　　　　　　　4　たくさん

29 あの人はおとなしい人です。

　　　1　静かな　　　　　　2　いつも元気な　　　3　頭がいい　　　　　4　印象がいい

30 実験が失敗したので、他の方法を試そう。

　　　1　やってみよう　　　2　聞いてみよう　　　3　考えよう　　　　　4　調べよう

試模
擬験

問題5 つぎのことばの使い方として最もよいものを、1・2・3・4から一つえらびなさい。

31 順調

1 仕事が予定通り順調に進んでいるか、教えてください。

2 ラーメン屋の前に、多くの人が順調に並んでいます。

3 あそこの道は狭いので、車で順調に通るのが難しい。

4 彼は日本語が上手で、順調に話すことができます。

32 進歩

1 事故で道が混雑していて、バスがなかなか進歩しない。

2 スケジュールの通りに、作業を進歩してください。

3 科学技術が進歩して、あらゆることが自動化されてきた。

4 この町は人が増えてにぎやかになり、とても進歩した。

33 認める

1 来週の予定を認めてから、パーティーに行けるかどうかお返事します。

2 言葉の意味がわからなかったので、辞書で意味を認めた。

3 彼が会議のときに出た意見を認めて、報告してくれました。

4 彼はみんなに言われて、やっと自分の間違いを認めた。

34 かける

1 長い間連絡をかけていなかった小学校の先生に、手紙を書いた。

2 外出するときは、必ず鍵をかけてから出かけてください。

3 両親からもらったネクタイをかけて、大学の入学式に行った。

4 友人がこちらに向かって歩いてきたので、手をかけて呼んでみた。

35 落ち着く

1 テーブルからフォークが落ち着いてしまったので、新しいのをください。

2 新しい仕事と引っ越しで忙しかったが、最近やっと気持ちが落ち着いた。

3 ずっと調子が悪かったエアコンが、とうとう落ち着いたので修理しよう。

4 次の旅行について話し合ったけれど、みんなの意見は落ち着かなかった。

リストパート

知识点列表篇

1

回目 生活（1）—わたしの一日—

日常生活（1）我的一天

ことば

□ 家族と**暮らす**Ⅰ	生活	★ **中古の 車**	二手，旧的
□ 楽しい時間を **過ごす**Ⅰ	度过	□ 友達と **ドライブする**	兜风
□ うちで **のんびり（と）する**	悠闲地	★ **スケジュール** ⇔予定	计划
★ **くたびれる**Ⅱ ⇔疲れる	疲惫	□ 予定を**確認する**	核实
★ **ぐっすり（と）眠る**	香甜地（睡）	□ ふだん、着る服	平时
□ ちょっと **立ち止まる**Ⅰ	站住，停步	□ **派手な色**	鲜艳
★ **偶然、友達に会う**	偶然	□ **暖かい服装**	衣服

漢字

暮	く・らす	暮らすⅠ	**眠**	ミン	睡眠
	く・れる	日が暮れるⅡ		ねむ・る	眠るⅠ
過	カ	過去	**確**	カク	正確な
	す・ごす	時間を過ごすⅠ		たし・か	確か
	す・ぎる	時間が過ぎるⅡ		たし・かめる	確かめるⅡ
疲	つか・れる	疲れるⅡ	**認**	ニン	確認する
				みと・める	認めるⅡ

過去→ 20 回目　　睡眠：睡眠　　正確な：正確　　確か→ 26 回目

確かめる→ 16 回目　　認める→ 23 回目

生活 (2) ―家をきれいにする―

ことば

★ 水を**床**にこぼす^I	地板　　溢出	
★ 窓を**拭く**^I	擦拭	
□ 高い所に手が**届く**^I	够到	
□ 手紙が**届く**^I	到达，收到	
□ 机を**動かす**^I　**動く**	移动	
□ きちんと**片付ける**	整齐地	
★ 本を**重ねる**^{II}　**重なる**	摞	
★ 本を**整理**する　**片付ける**	整理	
★ 本を**分類**する	分类	

★ 新聞紙をひもで**しばる**^I	捆扎
□ ごみを**捨てる**^{II}　**拾う**	扔
□ ごみを**まとめる**^{II}	归置，汇总
□ 意見を**まとめる**^{II}	归纳
□ 庭に木を**植える**^{II}	种植
★ 草を**抜く**^I	拔掉
★ 水を**抜く**^I	排出
□ 水を**ためる**^{II}　**たまる**	储存

漢字

床	ゆか	床	**捨**	す・てる	捨てる^{II}
所	ショ ところ	場所 所	**庭**	テイ にわ	家庭 庭
届	とど・く とど・ける	手紙が届く^I 手紙を届ける^{II}	**植**	ショク う・える	植物 植える^{II}
類	ルイ	分類する 種類			

種類：种类　　植物：植物

3回目 生活（3）―料理・洗濯―

日常生活（3）做饭、清洗

ことば

★ 食事の**支度**をする　准备	□ ピザを**注文**する　点菜，订货
□ パンにチーズを**挟む**Ⅰ　夹	□ **汚れ**が落ちる　污垢
★ 鍋に水を**加える**Ⅱ　添加	★ **汚れ**が**染み**になる　污渍，污痕
★ お湯が**沸騰**する ≒沸く　沸腾	□ ボタンが**取れる**Ⅱ　掉落
★ スープを**かき混ぜる**Ⅱ　搅拌	□ 靴を**磨く**Ⅰ　擦
□ コップにお湯を**注ぐ**Ⅰ　倒入	□ 歯を**磨く**Ⅰ　刷
★ 重さを**量る**Ⅰ　称量	□ シャツを**干す**Ⅰ　晾干
★ **豆**のスープ　豆子	★ 服を**しまう**Ⅰ ≒片付ける　整理，收纳
★ 中国**産**の野菜　……産	

漢字

加	カ	参加する	産	サン	～産：日本産
	くわ・える	塩を加えるⅡ		う・む	子どもを産むⅠ
	くわ・わる	人が加わるⅠ			

混	コン	混雑する	汚	よご・れる	服が汚れるⅡ
	ま・ざる	塩が混ざるⅠ		よご・す	汚れ
	ま・ぜる	かき混ぜるⅡ		きたな・い	服を汚すⅠ
	こ・む	混むⅠ			汚い

豆	まめ	豆	干	ほ・す	干すⅠ

参加する→4回目　　加わる：加入　　混雑する→14回目
混ざる：混杂　産む：生（孩子）　汚す：弄脏

72

4 回目 文化

文化

ことば

★ **芸術**を楽しむ　　艺术

□ **イベント**が行われる　活动

□ イベントに**参加**する　参加

★ **観客**が集まる　　观众

★ 会場が**満員**になる　满员

★ コンサートが**進行**する　举行

□ ピアノを**演奏**する　演奏

□ 歌手として**活動**する　工作，活动

共通の趣味
★ ➡ **共通点**　　相同
　 ➡ **共通**する

★ 旅行が**延期**になる
　 ➡ **延期**する　　延期

★ 日本の**建築**
　 ➡ **建築**する　　建筑

★ **立派**なお寺　　精美，精彩

□ 有名な**作家**　　作家

□ **才能**がある　　才能

★ 小説に**登場**する人物　出现，登台

漢字

観	カン	観光する	**進**	シン すす・む すす・める	進行する 仕事が進む I 仕事を進める II
客	キャク	客 観客	**共**	キョウ	共通
満	マン	満員	**登**	トウ ト のぼ・る	登場する 登山 山に登る I

観光する→14回目　　進める→16回目　　登山：登山

73

5 回目 自然
大自然

ことば

★ 美しい**自然**	大自然	★ 空気が**乾燥**する ＝乾く	干燥
★ **地球**が回る	地球	□ 大きな**波**	波浪
□ **光**のエネルギー	能源	□ 水が**流れる**Ⅱ	流动
★ 空の**様子**	状况	★ 海に船が**沈む**Ⅰ	沉没
★ 星が**輝く**Ⅰ ＝光る	闪烁，闪光	★ 日が**沈む**Ⅰ	（太阳）落山
□ 水の**温度**	温度	□ 海にごみが**浮く**Ⅰ	漂浮
★ **気温**が上がる	气温	★ いろいろなごみが **交ざる**Ⅰ	混杂
★ ガスが**発生**する	产生	★ 木が**枯れる**Ⅱ	枯萎

漢字

美	ビ うつく・しい	美人 美しい	波	なみ	波
様	ヨウ さま	様子 ～様：田中様	流	リュウ なが・れる なが・す	交流する 水が流れるⅡ 水を流すⅠ
星	ほし	星	浮	う・く う・かぶ	水に体が浮くⅠ 雲が浮かぶⅠ
温	オン あたた・かい あたた・まる あたた・める	気温、温度 温かい 体が温まるⅠ 体を温めるⅡ			

美人：美丽的人

温かい：温暖，暖和

温まる：温暖（自动词）

温める：温暖（他动词）

交流する→8回目

浮かぶ：漂浮

6 回目 健康
健康状況

ことば

☐★ **健康**に気をつける   健康
☐ 病院の**患者**   患者
☐ 体の**調子**が悪い   状况
☐ **体温**を測る   体温
☐★ **熱**で、**ふらふら**する   摇摇晃晃
☐★ **痛み**を感じる   疼痛
☐ **傷**が治る   伤，伤痕
☐ **手術**を受ける ➡ **手術**する   手术
☐ 健康が**回復**する   康复

☐ 元気で**長生き**する   长寿，活得长
☐ **命**を大切にする   生命
☐ **汗**をかく   汗水
☐ **涙**を流す   眼泪
☐ 子どもが**育つ**Ⅰ   成长
☐ 子どもが**成長**する   长大
☐ 経済が**成長**する   增长
☐ 背が**伸びる**Ⅱ 他 **伸ばす**   长高
☐★ **姿勢**がいい   姿态

漢字

健	ケン	健康	汗	あせ	汗
痛	ツウ / いた・い / いた・む	頭痛 / 痛い / 痛むⅠ、痛み	育	イク / そだ・つ / そだ・てる	教育 / 子どもが育つⅠ / 子どもを育てるⅡ
命	メイ / ミョウ / いのち	生命 / 寿命 / 命	成	セイ	成長する

頭痛：头痛   痛む：痛   生命：生命   寿命：寿命

5・6

7

人との関係（1）—知り合う—

回目　人际关系（1）相识

ことば

- ☐ いい人と**出会う**Ⅰ　　遇见
- ★ 森さんと**知り合う**Ⅰ　　结识
  ➋ **知り合い**
- ☐ 趣味の**仲間**　　伙伴
- ☐ **全員**、集まる　　全员
  ⊜ みんな
- ☐ 恋人を食事に**誘う**Ⅰ　邀请
- ☐ 好みに**合わせる**Ⅱ　　投合
- ☐ **直接**、人と会う　　直接
- ☐ **本人**と会う　　本人

- ★ **（お）互いを知る**　　彼此
  ➋ （お）互いに
- ☐ 鏡で**姿**を見る　　身材，风姿
- ☐ **印象**がいい　　印象
- ☐ **態度**が悪い　　态度
- ☐ **魅力**がある　　魅力
- ☐ **秘密**にする　　秘密
- ☐ **他人**に秘密を
  知られる　　别人

漢字

合	ゴウ　合格する あ・う　合う Ⅰ あ・わせる　知り合う Ⅰ 　　　　合わせる Ⅱ	接	セツ　直接 接する
仲	なか　仲間 仲がいい	印	イン　印象 しるし　印
直	チョク　直前 ジキ　正直な なお・る　故障が直る Ⅰ なお・す　故障を直す Ⅰ	他	タ　他人 ほか　他に

合格する→11回目　　仲：关系　　直前：即将　　正直な→26回目　　接する：接触　　印：标记

76

人との関係（2）─付き合う─

人际关系（2）交往

ことば

□ 近所の人と**付き合う**Ⅰ 　交往，谈恋爱

□ 買い物に**付き合う**Ⅰ 　陪同

□ 留学生と**交流**する 　交流

□ **友人**と会う
≒ 友達 　朋友

□ **親友**になる 　好友

□ 親友に**協力**する 　帮助，合力

□ 親友を**助ける**Ⅱ 　帮助

□ 親に**感謝**する 　感谢

□ 話す**相手** 　对象

□ 弱い**立場** 　处境，地位

□ 人の**性格** 　性格

★ 人の**欠点** 　缺点

★ **内緒**にする
≒ 秘密 　隐秘

□ 友達に**自慢**する 　炫耀

□ **人気**がある 　人气

漢字

交	コウ	**交流**する
	ま・ざる	砂に石が**交**ざるⅠ
	ま・ぜる	ご飯に豆を**交**ぜるⅡ

| 相 | ソウ | **相談**する |
| | あい | **相手** |

| 協 | キョウ | **協力**する |

欠	ケツ	**欠席**する
	か・く	**欠**かすⅠ
	か・ける	**欠**けるⅡ

助	ジョ	**救助**する
	たす・ける	人を**助**けるⅡ
	たす・かる	人が**助**かるⅠ

| 点 | テン | **欠点** |
| | | **点** |

交ぜる：搅拌　　救助する：救援　　助かる：得救　　欠席する：缺席

欠かす：缺少（他动词）　　欠ける：欠缺（自动词）

ことば

★ 心が苦しい	难受	
★ 息が苦しい	（呼吸）困难	
□ 不安になる ➡ 不安な	惶恐	
□ 不安を感じる^{II}	惶恐 感到	
★ 不満がある	不满，抱怨	
□ スピーチで緊張する	紧张	
★ 緊張で、どきどきする	忐忑不安，（心）怦怦直跳	
★ おかしなこと ➡ おかしい	奇怪	

□ 不思議なことが起こる	费解，不可思议
□ 不思議に思う	费解，不可思议
★ 恐ろしい経験 ≒ 怖い	可怕
□ 必死に逃げる	拼命
□ 将来のために努力する	努力
□ 痛みを我慢する	忍耐
□ 勉強で苦労する	辛苦
□ せっかく来たのに、店が閉まっていた。	难得
□ 雨で、がっかりした。	失望

漢字

苦	ク くる・しい にが・い	苦労する 苦しい 苦い	
必	ヒツ かなら・ず	必死に 必ず	
恐	キョウ おそ・ろしい	恐怖 恐ろしい	
努	ド つと・める	努力する 努める^{II}	
怖	フ こわ・い	恐怖 怖い	
労	ロウ	苦労する	

恐怖：恐怖　努める：努力

78

10 回目 気持ち (2) ―ポジティブな感情―

心情（2）正面情绪

ことば

☐ **素敵な**服 　　漂亮

☐ **目立つ**Ⅰ服 　　醒目

★ **楽な**仕事 ⇔ 大変な 　　轻松，容易

☐ 仕事が**楽**になる 　　轻松，容易

☐ 仕事に**満足**する 　　满意

★ 日本に**関心**を持つ ≒ 興味 　　兴趣

☐ 日本語に**自信**を持つ 　　自信

☐ **真剣に**考える ≒ 真面目に 　　认真

☐ 試験が**気になる**Ⅰ 他 気にする 　　担心

☐ **意外に**簡単だ ➡ 意外な／と 　　意外

☐ 気持ちが**落ち着く**Ⅰ 　　沉着，冷静

☐ **落ち着いた**部屋 　　朴素，庄重

★ プレゼントを**期待**する 　　期待

★ 手紙を読んで**感動**する ➡ 感動的な 　　感动

☐ **笑顔**になる 　　笑脸

★ **当然**だと思う 　　理所当然

漢字

関	カン	関心 関係
信	シン	自信 信じるⅡ
落	お・ちる お・とす	落ち着くⅠ かばんが落ちるⅡ かばんを落とすⅠ

感	カン	感動する 感じるⅡ
笑	わら・う	笑うⅠ 笑顔 ※特別な読み方です
然	ゼン ネン	当然 天然

9・10

信じる→23回目　　天然：天然

79

11 学校

回目　校園生活

ことば

☐ 日本語を**学ぶ** Ⅰ ⟺ **勉強**する	学習	★ **目標**を立てる　目標
☐ 漢字を**間違う** Ⅰ ➋ **間違い**	弄错	☐ 試験に**合格**する　及格，考上
★ 宿題を**やり直す** Ⅰ　重新做		☐ **成績**がいい　成绩
☐ 間違いを**繰り返す** Ⅰ　重复		☐ 大学に**進学**する　升学
☐ 宿題を**提出**する ⟺ 出す	提交	☐ **教師**になる ⟺ 先生　教师
★ 辞書で**調べる** Ⅱ　查找		★ 生徒を**指導**する　辅导
☐ 言葉の意味を**理解**する	理解	☐ クラスを**分ける** Ⅱ ➌ 分かれる　分开
★ 外国語を**身につける** Ⅱ　掌握		☐ 学校の**先輩**　前辈
★ 服を**身につける** Ⅱ ⟺ 着る、履く	穿着	

漢字

返	ヘン かえ・す	返事する 繰り返す Ⅰ	格	カク	合格する
調	チョウ しら・べる	調子 調べる Ⅱ	師	シ	教師 医師
解	カイ と・く と・ける	理解する 問題を解く Ⅰ 問題が解ける Ⅱ	指	シ ゆび	指導する 指
身	シン み	身長 身につける Ⅱ			

解く：解答（他动词）

解ける：解出，做对（自动词）

身長：身高

医師：医生

80

ことば

□ 勉強に飽きる^{II}	厌倦		★ 道に迷う^I	迷失

□ 勉強に飽きる^{II}　厌倦

□ 子どもがいたずらをする　恶作剧

□ 慌てて走る　匆忙

□ 窓が割れて慌てる^{II}　惊慌失措

□ 事故を防ぐ^I　预防，防止

□ 人に迷惑をかける　麻烦

□ 人のせいにする　原因

□ 約束を破る^I　不遵守

□ 紙を破る^I　撕裂

□ わがままな性格　任性

★ 道に迷う^I　迷失

★ 就職するか迷う^I　犹豫不决

□ お金がなくて悩む^I　烦恼

□ 進学を諦める^{II}　放弃

□ 原因を調査する　调查

□ 調査の方法　方法

★ 方法を決める^{II}　决定

□ 他のやり方を試す^I　尝试

□ 調査の結果　结果

★ 問題を解決する　解决

11・12

漢字

迷	メイ　まよ・う	迷惑　道に迷う^I	
破	やぶ・る　やぶ・れる	紙を破る^I　紙が破れる^{II}	
悩	なや・む	悩む^I	
決	ケツ　き・まる　き・める	解決する　方法が決まる^I　方法を決める^{II}	
結	ケツ　むす・ぶ	結婚する　結ぶ^I	
果	カ	結果　果物　※特別な読み方です	

破れる：破裂

13

回目 お金(かね)
金钱

ことば

☐ 電気代(でんきだい)を**支払(しはら)う**[I]
　⊜ **払(はら)う** 　　支付

☐ 100万円(まんえん)**貯金(ちょきん)する** 　存款

★ お金(かね)を**ためる**[II] 　　储存

☐ 交通(こうつう)**費(ひ)**を**計算(けいさん)する** 　……費　計算

☐ 生活費(せいかつひ)を**節約(せつやく)する** 　节省

☐ お酒(さけ)を**販売(はんばい)する** 　销售

☐ 物(もの)の**値段(ねだん)** 　价格

☐ パソコンの**価格(かかく)** 　价格

☐ お釣(つ)りの**金額(きんがく)** 　金额

☐ 旅行(りょこう)の**費用(ひよう)** 　费用

☐ **合計(ごうけい)**1万円(まんえん) 　合计

★ **品物(しなもの)を選(えら)ぶ** 　货物

☐ **給料(きゅうりょう)**が上(あ)がる 　薪水

★ **家賃(やちん)を払(はら)う** 　房租

★ **税金(ぜいきん)を払(はら)う**
　➊ **～税(ぜい)** 　　税

☐ **現金(げんきん)で支払(しはら)う** 　现金

☐ 電気(でんき)やガスの**料金(りょうきん)** 　费用

☐ 授業(じゅぎょう)**料(りょう)**を払(はら)う 　……費

漢字

払	はら・う　払(はら)う[I] 　　　　支払(しはら)う[I]	販	ハン　販売(はんばい)する
貯	チョ　貯金(ちょきん)する	給	キュウ　給料(きゅうりょう)
費	ヒ　費用(ひよう) 　　～費(ひ)：生活費(せいかつひ)	税	ゼイ　税金(ぜいきん) 　　～税(ぜい)：消費税(しょうひぜい)

～税(ぜい)：……税　消費税(しょうひぜい)：消費税

14 旅行・交通

回目 旅行、交通

ことば

- ☐ 車で**移動**する　　移動
- ★ 車で**通勤**する　　通勤
- ☐ 人を車に**乗せる**Ⅱ　搭載
- ★ 道が**混雑**する　　拥堵，拥挤
- ★ **急**いで行く　　急于
- ☐ 家の前に**駐車**する ⮕ 駐車場　　停车
- ☐ 車が**道路**を走る　　公路
- ☐ 道を**横断**する　　横穿

- ★ **横断**を**禁止**する　　禁止
- ★ 駅に**到着**する ⇌ 着く ⇔ 出発する　　到达
- ★ 人を**見送る**Ⅰ　　送行
- ☐ **券**を買う ⇌ 切符 ⮕ ～券　　卡券
- ★ **速**い電車 ⇔ 遅い　　快速
- ☐ **景色**を**眺める**Ⅱ　　远眺
- ☐ 町を**観光**する　　游览
- ★ **予約**を**取り消す**Ⅰ　　取消

漢字

勤	キン　つと・める	通勤する　勤める Ⅱ
乗	ジョウ　の・る　の・せる	乗車する　乗る Ⅰ　乗せる Ⅱ
路 ロ		道路
横	オウ　よこ	横断する　横
禁	キン	禁止する
到	トウ	到着する
速	ソク　はや・い	速度　速い

乗車する：乗車　　速度：速度

13・14

15

回目

仕事 (1) ― 就 職 する―

工作（1）求职

ことば

- [ ] 会社に **就 職** する
  - ➍ **就 職** 活動　　入职
- [ ] 社員を **募集** する　　招募
- ★ 有名な会社に **応募** する　　应聘
- [ ] **面接** を受ける
  - ➍ **面接** する　　面试
- [ ] 好きな **職 業** に就く
  - ＝ 仕事　　职业
- [ ] **企業** に勤める
  - ＝ 会社　　企业
- [ ] 仕事で **成功** する
  - ➍ **失敗** する　　获得成功
- ★ **目的** を持つ　　目的

- [ ] 会議室の利用を **申し込む** Ⅰ　　申请
  - ➍ **申し込み**
- ★ **申込書** を出す　　申请表
- [ ] 名前を **記入** する　　填写
- [ ] 申し込みの **締め切り**　　截止时间
- [ ] この国の **産業**　　产业
- ★ **工業** が **発展** する　　发展
- ★ **農業** が **盛ん** な国　　农业
- [ ] **訓練** を受ける
  - ➍ **訓練** する　　训练

漢字

漢字	読み	例	漢字	読み	例
就	シュウ / つ・く	就 職 する / 仕事に就く Ⅰ	農	ノウ	農業
職	ショク	就 職 する / 職 業	訓	クン	訓読み
募	ボ	募集 する / 応募 する	練	レン	訓練 / 練習 する

訓読み：训读

84

16 回目　仕事 (2) －工場－
工作（2）工厂

ことば

★ **製品**が**完成**する	产品　完成，完工	☐ 機械を**使用**する ＝ 使う	使用
★ **製品**の**特長**	特色，优点	☐ 機械を**修理**する ＝ 直す	修理
☐ 日本**製**のパソコン	……产	☐ 技術が**進歩**する	进步
☐ 仕事を**担当**する	负责	★ 安全を**確**かめる^{II} ＝ 確認する	核实
☐ 仕事を**任せる**^{II}	委托	☐ 温度を**調節**する	调节
★ **指示**を受ける ➡ 指示する	指令	☐ ごみを**処理**する	处理
☐ 三人で**作業**する	进行作业	★ **作業**のやり**方** ＝ 方法	做法
☐ **作業**を**進める**^{II} ＝ 進む	推进	★ 移動の**手段** ＝ 方法	手段，工具

漢字

製	セイ	製品 〜製：日本製	示	ジ	指示 示す^I
完	カン	完成する 完全に	処	ショ	処理する
任	ニン まか・せる	責任 任せる^{II}	段	ダン	手段 階段

完全に→ 27 回目　　責任→ 17 回目　　示す：出示

15·16

85

17 回目 仕事 (3) ―オフィス―

工作（3）办公室

ことば

□ 会社を**経営**する　　経営

★ 仕事を**済ませる**Ⅱ　　做完，办完
　自 済む

□ 店を**営業**する　　営業，経営

□ **情報**を集める　　信息

□ **オフィス**で働く　　事務所，办公室
　≡ 事務所

□ **書類**を整理する　　文件

□ **事務**の仕事をする　　事務性的

□ **能力**がある　　能力

★ 海外へ**出張**する　　出差

□ **責任**がある　　責任

□ 会社の**同僚**　　同事

★ 休みを**申請**する　　申請

□ 会社に**遅刻**する　　迟到
　≡ 遅れる

□ **申請**の**手続き**をする　　手続

★ 仕事を**引き受ける**Ⅱ　接受

□ **休暇**を取る　　休假
　≡ 休み

漢字

経	ケイ	経済 経営する	引	ひ・く	引くⅠ 引き受けるⅡ
営	エイ	経営する 営業する	受	ジュ う・ける	受験する 教育を受けるⅡ
務	ム つと・める	事務 ガイドを務めるⅡ	能	ノウ	能力 才能
遅	チ おく・れる おそ・い	遅刻する 遅れるⅡ 遅い			

受験する：参加考试

86

どのぐらい？
多少?

ことば

★ 水の **量**	量	□ 人口が**増加**する	增长
□ コップ1杯**程度**の水	左右，大致	□ **最高**に楽しい	程度最高
★ **大量**の水	大量	□ **最低**な 男	差劲儿
□ 数を**数える**Ⅱ	数	□ **最高**気温	最高
★ **約**半分の数	大约，大概	□ **最低**気温	最低
□ 数が**倍**になる ➡ 〜倍	双倍	□ **平均**気温	平均
★ 数が**減る**Ⅰ ➡ 増える	减少	□ 壁**全体**	整体
★ お金が**余る**Ⅰ	多余	□ 壁の下の**部分**	部分
★ 人口が**減少**する	减少	□ 全体の半分を**占める**Ⅱ	占

漢字

量	リョウ はか・る	量 量るⅠ	**減**	ゲン へ・る へ・らす	減少する 数が減るⅠ 数を減らすⅠ
数	スウ かず かぞ・える	数字 数 数えるⅡ	**増**	ゾウ ふ・える ふ・やす ま・す	増加する 数が増えるⅡ 数を増やすⅠ 増すⅠ
約	ヤク	約〜 節約する	**部**	ブ	部分 部屋 ※特別な読み方です

数字：数字　　減らす：減少　　増やす：増加　　増す：增长

ことば

☐ <ruby>椅子<rt>いす</rt></ruby>を<ruby>置<rt>お</rt></ruby>く**<ruby>位置<rt>い ち</rt></ruby>**	位置	
★ <ruby>椅子<rt>いす</rt></ruby>の**<ruby>向<rt>む</rt></ruby>き**	朝向	
★ **<ruby>間隔<rt>かんかく</rt></ruby>**を<ruby>空<rt>あ</rt></ruby>ける	间隔	
☐ <ruby>窓側<rt>まどがわ</rt></ruby>に<ruby>椅子<rt>いす</rt></ruby>を<ruby>置<rt>お</rt></ruby>く	一侧	
★ <ruby>道<rt>みち</rt></ruby>に<ruby>迷<rt>まよ</rt></ruby>って**うろうろ**する	团团转，徘徊	
★ <ruby>町<rt>まち</rt></ruby>を**ぶらぶら（と）**する	溜溜达达	
★ <ruby>手<rt>て</rt></ruby>を**ぶらぶら（と）**させる	下垂，摇晃	
★ <ruby>店<rt>みせ</rt></ruby>が**がらがら**だ	空旷，冷清	
★ <ruby>声<rt>こえ</rt></ruby>が**がらがら**だ	沙哑	

☐ <ruby>辺<rt>あた</rt></ruby>りが<ruby>暗<rt>くら</rt></ruby>くなる	附近
☐ <ruby>日本<rt>に ほん</rt></ruby>の**<ruby>首都<rt>しゅ と</rt></ruby>**	首都
☐ この**<ruby>地方<rt>ち ほう</rt></ruby>**の<ruby>習慣<rt>しゅうかん</rt></ruby>	地区
☐ **<ruby>地方<rt>ち ほう</rt></ruby>**の<ruby>出身<rt>しゅっしん</rt></ruby>	小地方，地区
☐ **<ruby>都会<rt>と かい</rt></ruby>**で<ruby>暮<rt>く</rt></ruby>らす	都市
★ **<ruby>列<rt>れつ</rt></ruby>**に<ruby>並<rt>なら</rt></ruby>ぶ	队列
☐ ２**<ruby>列目<rt>れつ め</rt></ruby>**の<ruby>席<rt>せき</rt></ruby>	第……排
☐ **<ruby>地下<rt>ち か</rt></ruby>**の<ruby>駐車場<rt>ちゅうしゃじょう</rt></ruby>	地下

漢字

位	イ くらい	～位：１位 位	首	シュ くび	首都 首
置	チ お・く	位置 置く^I	都	ト	首都 都会
向	コウ む・く む・ける む・かう	方向 前を向く^I、向き 首を右に向ける^{II} 駅に向かう^I	列	レツ	列 ～列：２列

～位：第……名　　位：地位　　方向：方向　　向く：朝向　　向ける：转向

ことば

☐ <ruby>今<rt>いま</rt></ruby>の<ruby>時刻<rt>じこく</rt></ruby> ➡ <ruby>時刻表<rt>じこくひょう</rt></ruby>	时刻	☐ <ruby>休日<rt>きゅうじつ</rt></ruby>に テニスをする	假日
☐ <ruby>時間<rt>じかん</rt></ruby>がたつ^I ≒ <ruby>過<rt>す</rt></ruby>ぎる	流逝，过	☐ <ruby>試験<rt>しけん</rt></ruby>の<ruby>当日<rt>とうじつ</rt></ruby>	当天
★ <ruby>夜<rt>よる</rt></ruby>が<ruby>明<rt>あ</rt></ruby>ける^{II}	（天）明	☐ <ruby>当時<rt>とうじ</rt></ruby>の<ruby>技術<rt>ぎじゅつ</rt></ruby>	当时
☐ <ruby>長<rt>なが</rt></ruby>い<ruby>期間<rt>きかん</rt></ruby>	期间	★ <ruby>最新<rt>さいしん</rt></ruby>の<ruby>技術<rt>ぎじゅつ</rt></ruby>	最新
☐ <ruby>長期<rt>ちょうき</rt></ruby>の<ruby>休暇<rt>きゅうか</rt></ruby>	长时间	☐ <ruby>過去<rt>かこ</rt></ruby>の<ruby>経験<rt>けいけん</rt></ruby>	过去
☐ <ruby>短期<rt>たんき</rt></ruby>のアルバイト ⇔ <ruby>長期<rt>ちょうき</rt></ruby>	短时间	☐ <ruby>現在<rt>げんざい</rt></ruby>の<ruby>自分<rt>じぶん</rt></ruby>	现在
★ <ruby>仕事<rt>しごと</rt></ruby>をおしまいにする	结束	★ <ruby>未来<rt>みらい</rt></ruby>の<ruby>世界<rt>せかい</rt></ruby>	未来
☐ <ruby>平日<rt>へいじつ</rt></ruby>に<ruby>働<rt>はたら</rt></ruby>く	平时	☐ <ruby>今後<rt>こんご</rt></ruby>の<ruby>計画<rt>けいかく</rt></ruby> ≒ これから	今后

漢字

刻	コク きざ・む	<ruby>時刻<rt>じこく</rt></ruby> <ruby>刻<rt>きざ</rt></ruby>む^I	
最	サイ もっと・も	<ruby>最新<rt>さいしん</rt></ruby> <ruby>最<rt>もっと</rt></ruby>も	
期	キ	<ruby>期間<rt>きかん</rt></ruby> <ruby>長期<rt>ちょうき</rt></ruby>	
現	ゲン あらわ・れる	<ruby>現在<rt>げんざい</rt></ruby> <ruby>現<rt>あらわ</rt></ruby>れる^{II}	
短	タン みじか・い	<ruby>短期<rt>たんき</rt></ruby> <ruby>短<rt>みじか</rt></ruby>い	
未	ミ	<ruby>未来<rt>みらい</rt></ruby>	

19・20

<ruby>刻<rt>きざ</rt></ruby>む：剖碎　　<ruby>現<rt>あらわ</rt></ruby>れる：出现

ことば

つく I	□ 車 に 傷が **付く**	附着，留下
	□ 電気が**つく**	开启
	□ 都合が **付く**	方便，合适
出る II	□ 家から外に **出る**	出门，外出
	□ 授業 に **出る** ≒ 出席 する	参加，出（席）
	□ 大学を **出る** ≒ 卒業 する	毕业
配る I	□ パンを **配る**	分配
	□ 気を **配る**	关心
取る I	□ 本棚から本を **取る**	拿，取
	□ 汚れを **取る**	去除
	□ 連絡を **取る**	取得
	□ コピーを **取る**	做
立てる II	□ 目標 を **立てる**	树立
	□ 本を **立てる**	竖起
かける II	□ 毛布を **かける**	盖上
	□ アイロンを **かける**	放在……上
	□ 音楽を **かける**	播放
	□ 声を **かける**	打（招呼）
	□ 鍵を **かける**	上（锁）
	□ 迷惑を **かける**	给……（添麻烦）

振る^I	□ 手を**振る**	挥动
	□ 彼を**振る**	抛弃（恋人）
当たる^I	□ ボールが窓に**当たる**	撞击
	□ 天気予報が**当たる**	预测得准

漢字

付	フ つ・く つ・ける	付近 色が付く^I 色を付ける^{II}	窓	まど	窓
配	ハイ くば・る	配達する 心配する 配る^I	当	トウ あ・たる あ・てる	当然 ボールが当たる^I ボールを当てる^{II}
取	と・る	本を取る^I ボタンが取れる^{II}			

付近：附近　配達する：投递　当てる：撞击

21

91

ことば

□ 手を握る^I 握緊

□ 手を放す^I 放开

□ 手をこする^I 揉搓

□ 手で顔を隠す^I 蒙（住），藏

□ 手をたたく^I 拍打

★ 答えを〇で囲む^I 圈起来

★ 手紙を受け取る^I 收到

□ 窓から離れる^{II} 离开

□ 穴を掘る^I 挖掘

★ 穴を埋める^{II} 填
　⊜ 掘る

★ 膝を曲げる^{II} 弯曲
　⊜ 曲がる

□ 足を組む^I 盘（腿），翘（腿）

★ 道で転ぶ^I 摔倒

□ 身を守る^I 保护

□ 約束を守る^I 遵守
　⊜ 破る

漢字

顔	かお 顔 笑顔 ※特別な読み方です	転	テン ころ・ぶ	自転車 転ぶ^I
曲	キョク ま・がる ま・げる	曲 道を曲がる^I 膝を曲げる^{II}	守	ス まも・る	留守 守る^I
組	ソ く・む くみ	組織 組む^I 〜組：二組に分かれる	束	ソク たば	約束 紙の束

曲：歌曲，曲调　　組織：机构　　〜組：……小组　　束：捆

23

回目 | 思考

考える

ことば

☐ 考えをまとめる
⇌ 意見　　　　　想法

★ 意見を主張する　　主張

★ アイディアを出す　創意，主意

☐ 案を出す
⇌ アイディア　　　方案

☐ 悩みを話す
➡ 悩む　　　　　　煩悩

☐ 話の内容　　　　内容

★ 話に集中する　　集中，聚精会神

☐ うっかりして、
忘れる　　　　　疏忽大意

☐ うっかり（と）
間違える　　　　疏忽大意

☐ 間違いを認める^{II}　　承认

☐ 訳を説明する
⇌ 理由　　　　原因，理由

☐ 彼を疑う^I　　怀疑

☐ 彼を信じる^{II}
⇋ 疑う　　　　信任

★ 彼を許す^I　　原谅

☐ 留学を決心する　下决心

☐ 意志を持つ　　意志

☐ 未来を想像する　想象

漢字

案	アン	案 案外	
内	ナイ うち	案内する 内側	
容	ヨウ	内容	

訳	ヤク わけ	訳す^I 訳	
疑	ギ うたが・う	疑問 疑う^I	
許	キョ ゆる・す	許可する 許す^I	

案外：意外　　内側：内側　　訳す：翻译　　疑問：疑问　　許可する：准许

·23

24
回目 **話す**
说话

ことば

□ 二人で**話し合う**^I　協商，商量
★ **親友を慰める**^{II}　安慰

★ **結果を報告**する　汇报
□ 遠くから**呼びかける**^{II}　呼喊，打招呼

★ **結果を発表**する　公布，口头发言
□ **協力を呼びかける**^{II}　呼吁

★ 先輩に**インタビュー**する　采访
□ 誰かが**叫ぶ**^I声　叫喊

★ **うわさ**をする　谣传
★ **ぺらぺら（と）話す**　口若悬河（地），流利（地）

★ **ユーモア**がある　幽默
★ 英語が**ぺらぺらだ** ＝（外国語が）**上手だ**　流利

★ **冗談**を言う　笑话
★ **小声**で話す　小声

□ 気持ちを言葉で**表す**^I　表达
□ **大声**で呼ぶ ⇔ 小声　大声

★ デートの誘いを**断る**^I　拒绝
□ 怖い声で**怒鳴る**^I　呵斥

漢字

告	コク	報告する

叫	さけ・ぶ	叫ぶ^I

表	ヒョウ あらわ・す おもて	表現する 発表する 表す^I 表

声	こえ	声 大声

呼	よ・ぶ	呼ぶ^I 呼びかける^{II}

断	ダン ことわ・る	横断する 断る^I

怒	ド おこ・る	怒鳴る^I 怒る^I

表現する：表达

ことば

□ おとなしい人 ひと	穏重，老实	□ 鋭いナイフ するど	锋利
□ 賢い人 かしこ ひと	聪明	□ 詳しい説明 くわ せつめい	详细
★ 親しい人 した ひと	关系亲密	□ 濃い色 こ いろ ⇔ 薄い うす	（颜色）深
□ 貧しい生活 まず せいかつ	贫穷	□ 濃いひげ こ ⇔ 薄い うす	浓密
★ きつい靴 くつ	尺码小，逼仄	□ 激しい雨 はげ あめ	激烈，猛烈
★ きつい仕事 しごと	辛苦的	★ まぶしい光 ひかり	炫目的，耀眼的
□ 緩い服 ゆる ふく	尺码大，宽松	□ 彼が羨ましい かれ うらや	令人羡慕
□ 緩い坂道 ゆる さかみち	舒缓	□ 試合に負けて悔しい しあい ま くや	不甘心，悔恨
□ 鋭い音 するど おと	尖锐		

漢字

賢	かしこ・い 賢い かしこ	鋭	するど・い 鋭い するど
貧	まず・しい 貧しい まず	濃	ノウ 濃度 のうど こ・い 濃い こ
活	カツ 生活 せいかつ 活動する かつどう	負	フ 負担 ふたん ま・ける 負けるⅡ ま

濃度：浓度　　負担：负担

ことば

★ あらゆる方法	所有的	★ 単純な問題	単純
★ 確実な方法	准确	★ 複雑な問題	复杂
□ 確かな情報	准确, 可靠	□ シンプルな服	简单, 朴素
□ 確か、彼は休みだ。	应该, 大概	★ 地味な服 ⇔ 派手な	不显眼, 踏实
★ 面倒な仕事 ⇔ 楽な	烦琐, 费事	★ 正直な人 ⇒ 正直に	正直
□ 主な仕事	主要	★ 素直な人	顺从, 听话
★ 急な用事	突然, 紧急	□ 新鮮な野菜	新鲜
★ 急な坂 ⇔ 緩い	陡峭, 险峻	□ 豊かな生活 ⇔ 貧しい ⇒ 豊かに	富足
★ 重大な問題	重大		

漢字

実	ジツ み	確実な 実	複	フク	複雑な 複数
単	タン	簡単な 単語	雑	ザツ	複雑な 混雑する
純	ジュン	単純な	豊	ホウ ゆた・か	豊富な 豊かな

実：种子, 果实　　単語：单词　　複数：多数　　豊富な：丰富

27

回目

ふくし
副詞（I）

副词（1）

ことば

★	なるべく静かにする ⇔ できるだけ	尽量
★	そっとドアを開ける ⇔ 静かに	轻轻
☐	全く気がつかない ⇔ ぜんぜん	完全（不……）
★	中身をそっくり 入れ替える ⇔ 全部	原封不动，全部
★	子どもなのに、 ずいぶん大きい	相当
☐	料理を全て食べる ⇔ 全部	全部
☐	パンがたった一つ だけ残る	仅仅，只
☐	絶対（に）酒を 飲まない	绝对
☐	仕事が順調に進む	顺利
☐	仕事が完全に終わる	完全

☐	さすが山本さんだ	不愧（为）
☐	さっぱりわからない ⇔ 全く、ぜんぜん	完全（不……）
☐	顔を洗って さっぱりする	清爽，干净利落
★	横になって、 そのまま寝る	直接
★	見たことを そのまま話す	一模一样，照原样
☐	ぼんやり（と） 外を眺める	心不在焉
☐	一日中うちにいた。 つまり、外に出ていない。	也就是说
☐	簡単に言うとつまり、 こういうことだ。	总而言之，简言之
★	自動的にドアが開く	自动
★	積極的に参加する ➤ 積極的な	积极

26・27

漢字

全	ゼン まった・く すべ・て	完全に 全く 全て	
寝	シン ね・る	寝室 寝るⅡ	
絶	ゼツ た・つ	絶対に 連絡を絶つⅠ	
的	テキ	〜的：自動的に 目的	
順	ジュン	順調に 順番	

絶つ：断絶　　順番：順序　　寝室：寝室

97

ことば

★ 喉がからからに渇く｜口干舌燥
　のど　　　　　かわ

□ からから（と）｜咔嗒咔嗒
　音がする
　おと

★ ドアをとんとん（と）｜咚咚
　たたく

□ ばらばら（と）｜哗啦哗啦
　石が落ちて来る
　いし　お　き

□ 意見がばらばらに｜各不相同
　いけん
　分かれる
　わ

□ たまたま友達に会う｜偶然
　　　　ともだち　あ
　≒ 偶然
　　ぐうぜん

□ 家がぐらぐら（と）｜摇摇晃晃
　いえ
　揺れる
　ゆ

□ お湯がぐらぐら（と）｜哗哗响
　　ゆ
　沸く
　わ

□ 突然、雨が降りだす｜突然
　とつぜん　あめ　ふ
　≒ 急に
　　きゅう

□ 雨がますます｜越来越
　あめ
　強くなる
　つよ

□ 雨はまだまだ｜还, 仍
　あめ
　止まない
　や

□ いよいよお祭りが｜即将, 马上
　　　　　　まつ
　始まる
　はじ

□ まあまあ面白い｜还算, 尚可
　　　　おもしろ

□ 以前、行ったこと｜以前
　いぜん　い
　がある店
　　　みせ

□ 今回は、別の店に｜这次
　こんかい　べつ　みせ
　行く
　い

□ ようやく店に着く｜终于
　　　　みせ　つ
　≒ やっと

□ 12時をとっくに｜早已
　　じ
　過ぎる
　す

★ 早速、料理を｜立刻, 马上
　さっそく　りょうり
　注文する
　ちゅうもん

□ 次々（と／に）｜不断, 一个接一个
　つぎつぎ
　料理が出てくる
　りょうり　で

漢字

| 石 | セキ | 石油 せきゆ | 以 | イ | 以前 いぜん |
| | いし | 石 いし | | | 以内 いない |

沸	フツ	沸騰する ふっとう	回	カイ	今回 こんかい
	わ・く	お湯が沸く^I おゆ わ		まわ・る	椅子が回る^I いす まわ
	わ・かす	お湯を沸かす^I おゆ わ		まわ・す	腕を回す^I うで まわ

| 突 | トツ | 突然 とつぜん | 次 | ジ | 次回 じかい |
| | つ・く | 突く^I つ | | つぎ | 次、次々 つぎ つぎつぎ |

石油：石油　回す：转动　突く：戳, 捅　次回：下一次　次ぐ：次于

ことば

☐ 新生活が スタートする	开始	☐ 時間を**オーバー**する	超过
☐ 新しい店が **オープン**する	开张	☐ **チャンス**がある ⊜ 機会	机会
☐ 何でも**オープン**に 話す	敞开, 公开	☐ 旅行の**プラン** ⊜ 計画	计划, 方案
☐ **サービス**がいい ➊ サービスする	服务	☐ **キャンセル**する ⊜ 取り消す	取消
☐ **メッセージ**を伝える	信息	☐ 二つの**グループ**に 分かれる	小组
☐ 外国語で**コミュニ** **ケーション**を取る	沟通, 交流	☐ 旅行の**コース**	路线
☐ 日本語で **スピーチ**する	演讲	☐ **コース**(の)料理を 頼む	套餐
☐ スピーチの**テーマ**	主题	☐ コーヒーとケーキ の**セット**	套餐, 一整套
☐ **オーバー**な話し方	夸张	☐ 甘い**クリーム**	奶油

漢字

伝	デン つた・わる つた・える	伝統 話が伝わる I 話を伝える II	
	ショウ き・える け・す	消防車 火が消える II 火を消す I、取り消す I	消
機	キ	機会 〜機:コピー機	
	ライ たの・む たよ・る	依頼する 頼む I 頼る I	頼
予	ヨ	予約 予定	
	あま・い	甘い	甘

伝統:传统　伝わる:传播

〜機:……机　消防:消防车

依頼する:请求, 拜托　頼る:依靠

ことば

☐ テニスの**コーチ**	教练	
☐ **トレーニング**（を）する	训练	
☐ **タオル**で汗を拭く	毛巾	
☐ サッカーの**ゲーム** ≒試合	比赛	
☐ **ゲーム**で遊ぶ	游戏	
☐ サッカーの**チーム**	球队，团队	
☐ チームの**キャプテン**	队长	
☐ 車の**エンジン**	引擎	
☐ **スピード**を出す	速度	

☐ **トラブル**が起こる	纠纷	
☐ 服の**デザイン**	设计	
☐ 服の**カタログ**	产品目录	
☐ 髪の毛を**カット**する ≒切る	剪	
☐ 欠点を**カバー**する	弥补	
☐ 枕（の）**カバー**	（枕头）罩	
☐ 日本人の**イメージ** ≒印象	印象	
☐ 映画の**チケット** ≒切符	（电影）票	
☐ **ドラマ**を見る	电视剧	

漢字

遊	ユウ / あそ・ぶ	遊園地 / 遊ぶ I	象	ショウ	印象
毛	モウ / け	毛布 / 髪の毛	画	ガ / カク	映画 / 計画する

遊園地：游乐园　　毛布：毛毯

解答・解説
答案・解析

やってみよう

1) 過ごす　⮕「暮らす」は「生活する」の意味で使います。

2) 過ごした　　3) ぐっすり

I.
1) 昨日、（　1　ぐうぜん　）高校のときの友達と町で会った。

昨天我在城里偶然遇到了高中时的朋友。

2) 1か月の仕事の（　2　スケジュール　）を手帳に書いた。

我的记事本里写了未来一个月的工作安排。

⮕1「ジョギング：跑步」

3) （　1　ぐっすり　）寝ていたので、地震に気づかなかった。

我睡得很熟，所以没有注意到地震。

⮕寝ている状態を説明する言葉「ぐっすり」が入ります。

4) 彼女は教室の前で（　3　立ち止まって　）、ポスターを見た。

她站在教室前面停下脚步看海报。

5) 姉は目立つのが好きで、いつも派手な（　3　服装　）をしている。

姐姐喜欢被人关注，总是穿着鲜艳的服装。

2.
1) 3　疲れた
今日は夜遅くまで残業して、とてもくたびれた。

今天我加班到深夜，非常疲惫。

2) 2　生活したい
将来、大きい家を建てて、家族といっしょに暮らしたい。

将来我想盖个大房子，和家人生活在一起。

3.
1) 4　卒業した先輩に中古の冷蔵庫をもらった。

毕业的前辈给了我一台旧冰箱。

⇒「中古」は主に車、電化製品、家具などに使われます。1は「おさがり：
旧衣物」、2は「古い（缶詰）」、3は「古く（なった）」とすると、正しい文
になります。

2) 1 休みなので、家族で公園をのんびり散歩した。
放假的时候，我和家人在公园悠闲地散了散步。

⇒「のんびり」は、心や体に余裕がある様子です。2と4は「ゆっくり」、3は
「落ち着いて（→10回目）」、とすると、正しい文になります。

4. 1) 1
2) 2 ⇒1「遅れる」→17回目、3「濡れる：淋湿」、
4「汚れる」→3回目

3) 3 ⇒1「確かめる」、2「まとめる」と、4「やめる」はひらがなで書きます。

5. 1) 2 ⇒1「寝（シン、ね・る）」、3「眼（ガン）」、
4「定（テイ、さだ・める）」

2) 1

やってみよう

1) たまって　　2) 重ねて　　3) 動かして
⇒自動詞、他動詞の問題です。

I. 1) ここにある本を（　1　きちんと　）整理して、本棚に並べてください。
请把这里的书好好整理一下，摆放到书架上。

2) 牛乳を（　3　こぼさない　）ようにゆっくり飲みなさい。
牛奶要慢慢喝，别溢出来了。

⇒4「まぜる：混入，搅拌」

3) 同じお皿はここに（　2　重ねて　）、置いておいてください。

请把相同的盘子摞起来放在这里。

4) 手が（　2　届かない　）ので、あの本を取ってください。

那本书我够不到，请帮我取一下。

5) 古い新聞と雑誌をひもで（　2　しばって　）捨てる。

我要把旧报纸和旧杂志用绳子捆起来扔掉。

2. 1) 1　かたづけた
帰る前に、机の上をきれいに整理した。

回家前我把书桌收拾得很干净。

2) 2　ひとつにして
この部屋にあるごみをまとめて、捨ててください。

请把这个房间的垃圾归置到一起扔掉。

3. 1) 2　休みの日に、伸びた草を抜いたら、庭がすっきりした。

放假的时候我把院子里长的草拔掉了，院子清爽了很多。

➡1と3は「取った」、4は「出して」とすると、正しい文になります。

2) 3　ここにある紙を色で分類して、まとめておいてください。

请把这里的纸按照颜色分类，放置到一起。

➡「分類」は、同じ種類に分けるときに使います。「分類する」を、1、2、4は「分けて」とすると、正しい文になります。

4. 1) 4　➡1「壁」、2「棚」、3「庭」

2) 2

3) 1　➡2「覚える」、3「数える」➡18回目、4「加える」➡3回目

5. 1) 4　➡2「拾（シュウ、ひろ・う）」

2) 1　➡4「底（テイ、そこ）」

I. 1) ワインをこぼしてしまって、白い服に（　3　しみ　）をつけてしまった。

> 葡萄酒溢了出来，把白衣服弄脏了。

2) 卵と砂糖をよく（　2　かき混ぜたら　）、バターを少しずつ入れてください。

> 把鸡蛋和糖充分搅拌，然后再一点一点加入黄油。

3) 靴が汚れたので、きれいに（　4　みがいた　）。

> 鞋子脏了，我把它擦干净了。

4) このコーヒー豆はインドネシア（　2　産　）です。

> 这款咖啡豆是印度尼西亚产的。

5) 洗濯物を（　3　ほした　）けど、雨なのでなかなか乾かない。

> 洗的衣物虽然晾晒出去了，但是因为下雨所以怎么也不干。

2. 1) 2　準備

いつも母といっしょに食事の支度をしている。

> 我总是和妈妈一起准备饭菜。

2) 2　かたづけて

帰る前に、机の上にある物をしまっておいてください。

> 回家前请把书桌上的物品收起来。

3. 1) 2　ケーキを作るときは、きちんと小麦粉を量ってください。

> 做蛋糕时，要好好地称量面粉。

➡「量る」は、主に物の重さに使います。1は「記録して：记录」、3は「話し合って（➡24回目）」、4は「数えたら（➡18回目）」とすると、正しい文になります。

2) 1　スープが沸騰する前に、火を止めてください。

> 请在汤沸腾前把火关掉。

➡「沸騰する」を2と3は「上がる」、4は「興奮する：兴奋，激动」とすると、

正しい文になります。

4.　1)　4　➡ 1「米」、2「魚」、3「肉」

　　　2)　2　➡ 1「変える」、3「使える」、4「迎える」

　　　3)　2　➡ 1「うるさい」はひらがなで書きます。3「暗い」、4「狭い」

　　　4)　3　➡ 1「落とす」➡10回目、2「差す」、4「返す」➡11回目

5.　1)　1　➡ 2「育（イク、そだ・てる、そだ・つ）」➡6回目

　　　2)　1　➡ 2「乗（ジョウ、の・る、の・せる）」➡14回目

　　　3)　2

　　　4)　3　➡ 1〜4「参（サン、まい・る）」、2「回（カイ）」➡28回目

---

4 回目　　　　　　　　　　　　　　　　　　　　　　　p.8〜p.9

やってみよう

1)　延期　　2)　すばらしい

➡「すばらしい」は状態、行動、様子などがとてもいいということが表現できて、広い意味で使われます。「立派な」は、作られた物や人の行動がとてもいいときに使います。

I.　1)　この小説に（　3　登場　）する女性のようになりたい。

　　　我想成为这部小说里的女性那样的人。

　　　➡「登場する」は、人や物がある場所、場面（例えば、舞台、小説、世の中）に現れることを言います。

　　　2)　日本の文化や（　2　芸術　）にとても興味がある。

　　　我对日本的文化和艺术非常感兴趣。

　　　3)　あれは70年前に（　2　建築　）された歴史のある美術館だ。

　　　那座美术馆建于70年前，非常有历史。

　　　4)　毎年、国際交流の（　1　イベント　）に参加している。

　　　我每年都参加国际交流活动。

⇒ 2 「チャンス」➡29回目

5) あの歌手は、歌だけではなく、ピアノの（　1　演奏　）も上手だ。

那位歌手不仅歌儿唱得好，钢琴弹得也很好。

2. 1) 3　小説を書く人

将来、作家になりたいと思っています。

我将来想当一名作家。

2) 4　すばらしかった

田中さんのスピーチは、本当に立派だった。

田中的演讲太棒了。

3. 1) 1　雨のため、今日の試合はあしたに延期します。

因为下雨，今天的比赛推迟到明天举行。

⇒「延期」は、イベントなどの予定の日を先に延ばすという意味です。「延期する」を、2は「延長する：延長」、3は「延ばす：延長」、4は「遅くする」とすると、正しい文になります。

2) 3　映画館は満員で、見たかった映画が見られなかった。

电影院票卖完了，我没能看上自己想看的电影。

⇒「満員」は、映画館のように入れる人数が決まっている場所に、入れる最大の人がいるときに使います。1と4は「たくさん」、2は「いっぱい」とすると、正しい文になります。

4. 1) 3　　2) 2　　3) 4　　⇒1「上がる」、2「下りる」、3「下がる」

5. 1) 2　　2) 4

1. 1) 紙のごみの中に（　4　まざって　）いるプラスチックのごみを取ってください。

请把混杂在废纸中的塑料垃圾取出来。

2) （　1　自然　）が多いところで子どもを育てたい。

我想让孩子生长在靠近大自然的环境中。

3) クーラーが故障したのか、（　1　温度　）が変えられない。

或许是空调坏了，无法调温度。

⇨ 2 「気温」は、外の温度に使います。自分では調整することはできません。

4) 人間は毎日たくさんの（　2　エネルギー　）を使っている。

人每天消耗大量的能量。

⇨ 3 「コミュニケーション」 ➡29回目

5) 太陽が（　4　沈んで　）、周りが暗くなった。

太阳落山了，四周一片昏暗。

⇨ 1 「日が落ちる：太阳落山」という表現はあります。

2. 1) 3　ひかって
窓から見える海が<u>かがやいている</u>。

窗外的大海闪闪发光。

2) 2　かわかない
部屋の中では洗濯物がなかなか<u>乾燥しない</u>。

洗过的衣服在房间里晾不干。

3. 1) 2　地震が<u>発生</u>したら、火はすぐに消してください。

发生地震的话，请马上把火关掉。

⇨「発生」は、「よくないことが起こる、現れる」という意味です。例）問題が発生する。「発生する」を、1と4は「出る」、3は「生える」とすると、正しい文になります。

2) 4　庭の木が枯れてしまったので、切ることにした。

院子里的树木枯死掉了，所以我决定把它砍掉。

✧「枯れる」は、木や花などの植物に使います。１は「悪くなって」、２は「汚くなって」、３は「疲れて」とすると、正しい文になります。

4.

1) 4

2) 2　✧１「生まれる」、３「揺れる：摇晃」、４「分かれる」

3) 1　✧２「悲しい」、３「厳しい」、４「素晴らしい」

4) 4　✧１「雲」、２「月」、３「日」

5.

1) 2　2) 4　✧２「湿（シツ、しめ・る）」、３「湯（トウ、ゆ）」

3) 1　4) 3

6 回目　　p.12 〜 p.13

1.

1) 冬になると、インフルエンザの（　1　患者　）が増えてくる。

进入冬季之后，患流感的人越来越多。

2) 寒いと思って、（　4　体温　）をはかったら、38度もあった。

我感觉身体发冷，量了体温一看，竟然有38度。

✧３「室温：室温」

3) 本を読むときは、（　1　姿勢　）をよくしないと、目が悪くなる。

看书的时候如果身体姿势不对，会损伤视力。

4) 朝から何も食べていないので、（　4　ふらふら　）する。

我从早上开始什么都没有吃，所以身体站立不稳。

✧「どきどき」➔9回目

5) （　2　手術　）は成功して、来週には退院できる。

我手术成功，下周可以出院了。

2. 1) 1　涙を流した

何度練習しても上手にできなくて、泣いた。

我练习了很多次也做不好，所以哭了。

2) 3　育つ

子どもが成長する様子を見るのが楽しみだ。

看着孩子成长充满快乐。

3. 1) 2　薬を飲んで、休んでいたら、少しずつ回復してきた。

吃了药休息了一下之后，我逐渐康复了。

↬「回復」は、元のよい状態に戻るという意味で、ここでは体の状態について使われています。「回復する」を、1は「直る」、3は「復興する：复兴，重建」、4は「もう一度使う」とすると、正しい文になります。

2) 4　髪がずいぶん伸びたので、美容院に切りに行こうと思っている。

我头发长得太长了，所以想去美容院剪一下。

↬1は「上がって」、2は「なくなって」、3は「広がって」とすると、正しい文になります。

4. 1) 1　　2) 1　↬2「親」、3「緑」、4「森」

3) 3　　4) 1

5) 2　↬1「歌う」、3「乗る」➡14回目、4「走る」

5. 1) 3　↬1、3「康（コウ）」、2、4「庫（コ）」

2) 3　↬4「療（リョウ）」

3) 1　↬4「汁（ジュウ・しる）」

やってみよう

1) 仲間

➨「サッカー仲間に入る」は、サッカーをいっしょにするグループに入るという意味です。

2) 印象　3) 出会った

4) 知り合った

➨「出会う」は、偶然人と会うという意味です。「知り合う」は、お互いのことを知るようになるという意味です。

I.
1) 奨学金の説明会には、申し込んだ（　4　本人　）が必ず出席してください。

奖学金的说明会，申请人必须参加。

2) 山田さんをパーティーに（　2　さそった　）けれど、いい返事はもらえなかった。

我邀请山田参加派对，但是被他拒绝了。

3) 外で音がしたのでドアを開けたが、誰の（　3　姿　）も見えなかった。

听到外面有声音，我打开了门，但是没看到人。

4) 何か言いたいことがあったら、（　1　直接　）わたしに言ってください。

如果有什么想说的话，请直接跟我说。

5) イベントに参加する人（　3　全員　）が集まりましたか。

参加活动的人员到齐了吗?

2.
1) 1　誰にも話していない

わたしたちが結婚していることは秘密にしている。

我们已经结婚的事一直没有公开宣布。

2) 4　すてきな

彼女は魅力があるので、みんな彼女が大好きだ。

她是一个有魅力的人，所以大家都很喜欢她。

➨「すてきな」➨10回目

111

3. 1) 1 子どものときからお互いのことをよく知っている。

我们俩打小就相互知根知底。

⇒2は「二つ」、3は「両方」、4は「それぞれ」とすると、正しい文になります。

2) 4 店員の態度がとても失礼で、嫌な気分だ。

店员态度蛮横，我非常不开心。

⇒1は「調子」、2は「調子」「具合」、3は「かっこう」とすると、正しい文になります。

4. 1) 3

2) 2 ⇒1「線」、3「所」、4「丸」

3) 3 ⇒1「次」➡28回目、2「別」、4「先」

4) 4

5) 4 ⇒1「出す」、2「消す」➡29回目、3「探す」

8 回目

p.16 ～ p.17

I. 1) いつもわたしを助けてくれるので、両親にとても（ 2 感謝 ）している。

父母一直帮助我，我非常感谢他们。

2) わたしは兄と顔は似ているが、（ 2 性格 ）はぜんぜん違う。

我和哥哥长得像，但是性格完全不同。

3) 服を買いたいという友人に（ 3 付き合って ）、デパートに買い物に行った。

朋友想买衣服，我陪她去逛商场了。

4) 最近、この歌手は（ 4 人気 ）が出てきて、テレビでよく見る。

最近这位歌手人气渐高，经常在电视上看到他。

5) 田中さんは自分の飼っている猫がいちばんかわいいと（ 2 自慢 ）する。

田中向别人炫耀，说他养的猫是最可爱的。

112

2. 1) 3 ひみつ

親友_{しんゆう}にも言_いわないで、ずっと内緒_{ないしょ}にしていることがある。

有些事我对好朋友也没有说过，一直保守着秘密。

2) 3 手伝_{てつだ}って

アンケートを取_とるために、みんなが協力_{きょうりょく}してくれた。

做问卷调查得到了大家的帮助。

3. 1) 4 相手_{あいて}の立場_{たちば}になって、考_{かんが}えてみたほうがいい。

你最好站在对方的立场想一想。

➡ 1は「状態_{じょうたい}」、2は「場所_{ばしょ}」、3は「辺_{あた}り（➡19回目_{かいめ}）」とすると、正_{ただ}しい文_{ぶん}になります。

2) 2 インターネットで世界中_{せかいじゅう}の人_{ひと}と交流_{こうりゅう}することができる。

可以通过互联网和全世界的人交流。

➡ 1は「合流_{ごうりゅう}：汇合，交汇」、3と4は「交換_{こうかん}」とすると、正_{ただ}しい文_{ぶん}になります。

4. 1) 1

2) 2 ➡ 1「預_{あず}ける：存放」、3「届_{とど}ける」、
4「見_みつける」

3) 4 4) 1

5. 1) 4 2) 1 3) 3 ➡ 1〜4「談（ダン）」、2「想（ソウ、ソ）」
4) 2 ➡「必（ヒツ、かなら・ず）」➡9回目_{かいめ}

やってみよう

1)　不安　　2)　不満

➡「不安な」は、心配な気持ちがある状態です。「不満な」は、文句を言いたい気持ちがある状態です。

3)　苦労

I.　1) 痛みをずっと（　1　我慢　）するより、薬を飲んだほうがいい。
　　　与其一直忍受疼痛，还不如吃药。

　　　2) （　2　せっかく　）キャンプの準備をしたのに、雨で中止になってしまった。
　　　好不容易做好了露营的准备，却因为下雨活动取消了。

　　　➡「せっかく〜のに」という形で使われることが多いです。残念な気持ちが含まれています。

　　　3) いい製品だと思って買ったのに、すぐ壊れてしまい、（　2　がっかり　）した。
　　　本以为质量好才买的，结果很快就坏了，我很失望。

　　　4) 仕事の多さよりも人間関係のほうにストレスを（　1　感じる　）。
　　　与繁忙的工作相比，人际关系更让我感受到精神压力。

　　　5) 子どものとき、なぜ人は年を取るのだろうと（　3　不思議　）に思った。
　　　小时候我曾经想不明白，人为什么会变老呢？

2.　1) 3　変な
　　　このあいだ、おかしなことが起きたんだ。
　　　这段时间发生了奇怪的事情。

　　　2) 2　怖い
　　　高いビルから落ちていくという恐ろしい夢を見た。
　　　我做了一个噩梦，梦见自己从很高的建筑上掉了下去。

3. 1) 3　何年も働いているのに、給料が上がらないことが<u>不満</u>だ。

我虽然工作了很多年，但是工资没有上涨，我对此心怀不满。

➡「不満な」を、1は「不安な」、2は「低い」、4は「足りない」「不十分な：缺乏，不够」などとすると、正しい文になります。

2) 3　就職の面接の前なので、みんな<u>緊張</u>した顔をしている。

即将参加面试，所以大家都很紧张。

➡「緊張する」を、1は「ぴんと張る：拉紧」、2は「（声が）あまり出なくなる」、4は「厳しく（育てられる）」などとすると、正しい文になります。

4. 1) 4　➡1「甘い」➡29回目、2「辛い」、3「薄い」　　2) 2　　3) 2

5. 1) 4　　2) 1

---

10 回目
p.20 ～ p.21

やってみよう

1) 気になって　　2) 目立ち　　3) 当然　　4) すてき

I. 1) 彼は新しい仕事に（　4　満足　）しているそうです。

听说他对新工作很满意。

2) 緊張していましたが、だんだん気持ちが（　1　落ち着いて　）きました。

虽然我之前一直很紧张，但是现在心情逐渐平静了下来。

3) 母は、わたしが将来いい会社に入ることを（　1　期待　）している。

妈妈希望我将来能进入到好公司工作。

4) 彼は日本語を話すことに（　1　自信　）を持っている。

他对自己的日语很有自信。

5) 妹は日本の着物に（　3　関心　）を持っている。

我妹妹对日本的和服感兴趣。

➡「関心を持っている」は「関心がある」という意味です。

2. 1) 4　真面目に

彼は日本に留学することを真剣に考えている。

他在认真考虑去日本留学这件事。

2) 3　思っていたのとは違って

今日の試験は意外に簡単だった。

今天的考试出乎意料地简单。

3. 1) 3　今の仕事は大変でとても忙しいので、もっと楽な仕事がしたいです。

我现在的工作繁忙而辛苦，因此我想找份更加轻松的工作。

　➡「楽」は「楽しい」と同じ漢字を使いますが、「楽」には「楽しい」の意味は
なく、「心や体が苦しくない」「簡単だ」「大変ではない」などの意味があり
ます。「楽な」を、1は「便利な」、2は「おもしろい」「楽しい」、4は「楽
しい」とすると、正しい文になります。「ユーモア」➡24回目

2) 4　有名なレストランに行きましたが、意外に空いていました。

我去了家名气很大的餐馆，没想到那里人很少。

　➡1は「嫌い」「苦手」、2は「間違い」「うそ」、3は「思ったとおり」「簡単」
とすると、正しい文になります。

4. 1) 4　　2) 2

5. 1) 4　➡1～4「係（ケイ、かか・る）」　2) 2

<hr>

11 回目

I. 1) 一生懸命勉強したら、（　2　成績　）が上がった。

我努力学习，成绩有了提升。

2) うまくできなかったので、もう一度最初からやり（　4　直す　）ことにした。

因为进展不顺，所以我决定从零开始重新做一遍。

3) 弟は高校を卒業した後、大学に（　3　進学した　）。

我弟弟高中毕业后升入了大学。

4) いつか日本の会社で働くという（　2　目標　）を立てた。

我给自己确定了目标，总有一天要在日本的公司工作。

➡「予定」は、「あした会議をする」、「来週旅行へ行く」など、これからする
行動やその内容が、もう決まっていることに使います。「目標」は「今年は
N3に合格する」「お金をためて、旅行に行く」など、そうなりたい、達成し
たいと思うことに使います。

2. 1) 1　意味がわかりました

先生の説明を聞いて、この言葉の意味を理解しました。

听了老师的解释，我明白了这个词语的意思。

2) 3　何度もして

失敗をくりかえして、やっと合格できた。

经历多次失败之后，我终于考过了。

3. 1) 2　その漢字の書き方、間違っていますよ。

那个汉字你写错了哦。

➡「間違う」は、人のすることや考えることが正しくないという意味です。1、
3、4は「違う」とすると、正しい文になります。1、3、4の文の「違う」
は正しくないという意味ではなく、同じではない、異なるという意味です。

2) 2　宿題は、あしたまでに提出してください。

请明天之前提交作业。

➡「提出」は、書類や宿題などを受け取る人や場所に出すという意味です。
「提出する」を、1は「飛び出す：跑过来，突然出现」、3は「出発する」、
4は「送る」とすると、正しい文になります。

4. 　1）2　　2）2　　3）1　　4）1

5. 　1）3　➜ 1〜4「導（ドウ、みちび・く）」　　2）2　➜ 1「各（カク）」

　　　3）2　➜ 1「変（ヘン、か・える、か・わる）」　　4）1

---

12 回目　　　　　　　　　　　　　　　　　　　p.24 〜 p.25

I. 　1）自分の失敗を人の（　3　せい　）にしてはいけません。

　　　不能把自己的失败归咎于别人。

　　2）彼女は、彼と結婚するかどうか、ずっと（　4　迷って　）いる。

　　　她非常犹豫要不要同他结婚。

　　3）お金がないので、進学を（　1　あきらめました　）。

　　　因为没有钱，所以我决定放弃升学。

　　4）子どもが（　1　いたずら　）をしたので、叱りました。

　　　孩子调皮，所以我批评了他。

　　5）みんなで相談して、夏休みの旅行先を海に（　2　決めました　）。

　　　和大家商量之后，我决定暑假去海边旅行。

2. 　1）1　事故を起こさないようにする

　　　事故を防ぐために、みんなで協力しましょう。

　　　大家一起努力来预防事故的发生。

　　2）2　方法

　　　友達に漢字の勉強のしかたを聞きました。

　　　我向朋友请教了如何学习汉字。

3. 　1）2　みんなが助けてくれたので、その問題はもう解決しました。

　　　多亏了大家帮忙，那个问题已经解决了。

　　　➜ 事件や事故、困ったことなどの問題は「解決する」、テストや試験などの問

118

題は「解く」を使います。「解決する」を、1は「理解する」、3は「解く」「わかる」、4は「決める」とすると、正しい文になります。

2) 3　彼女はその手紙を読むと、<u>破りました</u>。

她读完那封信后就把信撕碎了。

�>1は「かぶった」、2は「割れて」、4は「切りました」とすると、正しい文になります。

4.　1) 3
　　2) 3　➤1「切れる：断裂，断开」、2「壊れる」、4「割れる」
　　3) 4

5.　1) 2　　2) 2　　3) 1　　4) 2

13 回目　　　　　　　　　　　　　　　　　　　　　　p.26 〜 p.27

やってみよう
1) 費用　2) 価格　3) 給料　4) 現金

I.　1) このアパートの（　4　家賃　）は、1か月7万円です。

这座公寓的房租是每月7万日元。

2) 今日は（　1　給料　）が入ったので、家族にケーキを買った。

我今天发工资，所以给家人买了蛋糕。

3) 今月の電気の（　4　料金　）は、1万円だった。

本月的电费是1万日元。

4) 食事にかかったお金は、（　2　合計　）5,500円です。

在餐饮上花费的钱合计是5500日元。

5) 雨が降らないので、野菜の（　1　値段　）が上がっている。

因为不下雨，所以蔬菜价格上涨了。

2.　1)　1　使わないようにしている

最近、お金を節約している。

我最近很节省。

➡️「節約」はお金以外のことにも使えます。例）電気を節約する。時間を節約

する。

2)　3　ためた

50万円貯金した。

我存了50万日元。

3.　1)　3　あのスーパーは新しくてきれいだが、品物がよくない。

那家超市虽然很新很干净，但是东西不好。

➡️1は「忘れ物」、2は「材料：原材料，食材」、4は「借りた物」とすると、

正しい文になります。

2)　1　大学の授業料は、今週、1年分まとめて支払うつもりだ。

我打算本周把一年的大学学费都交了。

➡️「支払う」は仕事や手続きなどで「お金を渡す」という意味しかなく、プレ

ゼントやお祝いなど、特別な気持ちがあってお金を渡すときには使いません。

「払う」は「支払う」とちがって、「注意を払う」のように、お金以外にも使

うことができます。2は「下ろす」、3は「払った」、4は「あげた」とする

と、正しい文になります。

4.　1)　1　　2)　2

5.　1)　3　➡️1～4「活（カツ）」➡️25回目　　2)　4

やってみよう

1) 到着　　2) 急いで　　3) 券　　4) 速い

➡ 「速い」は「新幹線は速い」のようにスピードがはやいとき、「早い」は「今日はいつもより早く学校へ行く」のように時間がはやいときに使います。

I.

1) 空港へ友達を（　4　見送り　）に行きました。

我去机场给朋友送行了。

2)「駐車（　1　禁止　）」はここに車を止めてはいけないという意味です。

"驻车禁止"意思是这里严禁停车。

3) 山の上からきれいな景色を（　3　眺めました　）。

我从山上眺望到了美丽的景色。

➡ 1 「観光する」は「お寺を観光する」のように場所を表す言葉といっしょに使います。4は「～が見えました」だと使うことができます。

4) 友達を車に（　4　乗せて　）、いっしょにドライブに出かけました。

我载上朋友一起去兜风了。

5) うちから駅まで自転車で（　1　移動　）しています。

我从家到车站一直骑自行车。

2.

1) 4　渡る

車が来ないかどうか確認してから、道を横断する。

确认是否有车辆之后再横穿马路。

2) 4　人が多かったです

昨日は大きなイベントがあったので、町は混雑していました。

昨天城里举办了大型活动，所以人多拥挤。

3.

1) 4　都合が悪くなったので、レストランの予約を取り消しました。

我时间上不方便，所以取消了预订的餐厅。

⇨「取り消す」は一度言ったことや、決めたことを、なかったことにするという意味です。1は「中止になりました」、2は「忘れたい」、3は「消しました」とすると、正しい文になります。

2) 4 道路を渡るときは、車に気をつけてください。
过马路时请小心车辆。

⇨「道路」は人や車が通るために、人が作って、使いやすいように整えた道という意味があります。1は「道」「行き方」、2は「交通」、3は「通行：通行，通過」とすると、正しい文になります。

4. 1) 2　2) 1

5. 1) 2　2) 3

15 回目
p.30 〜 p.31

やってみよう
1) 職業　2) 企業　3) 応募　4) 申込書　5) 発展

I. 1) となりの町の工場では夜遅い時間に働ける人を（ 4 募集 ）しています。
附近小镇的工厂正在招聘能上夜班的人。

2) この国は（ 4 農業 ）が盛んで、外国に野菜や果物を輸出しています。
这个国家农业发达，向国外出口蔬菜和水果。

3) 彼は仕事で（ 3 成功 ）して、会社を大きくした。
他事业取得了成功，扩大了公司的规模。

4) 面接で日本に来た（ 3 目的 ）について聞かれました。
我在面试时被问及来日本的目的是什么。

⇨「目的」は何のためか、「目標」は達成したいと望むこと、ゴールです。例えば、「日本の大学で勉強するために、日本に来ました。いつか日本の会社

で働きたいです。」の場合、「日本の大学で勉強する」が「目的」、「日本の会社で働くこと」が「目標」です。

5) 会議室を使いたいときは、事務室に（　4　申し込んで　）ください。

如果想使用会议室，请向办公室申请。

2. 1) 3　書きました

名前と住所を記入しました。

我填写了姓名和住址。

2) 1　会社

有名で、給料がいい企業で働きたいです。

我想在名气大的、工资高的企业工作。

3. 1) 2　この犬は警察犬になるために訓練されました。

这只犬接受了成为警犬所必需的训练。

➡「訓練」は技術などをより高めるために、何かを教えたり、何かをさせたりするという意味でよく使います。1は「運動」、3は「練習」、4は「連絡」「報告（➡24回目）」とすると、正しい文になります。

2) 3　町の経済が発展して、高いビルが増えました。

城市的经济发展了，高层建筑越来越多。

➡「発展」は社会や科学技術などの勢いが大きく伸びて広がっていくという意味です。1は「上達：擅长，精通」、2は「成長」、4は「発生」とすると、正しい文になります。

4. 1) 4　　2) 3

5. 1) 2　　2) 2

やってみよう
1) 進めます　2) 製品　3) 調節　4) 担当　5) 完成

Ⅰ.　1) このパソコンは日本（　3　製　）です。

这台电脑是日本生产的。

2) 科学技術が（　3　進歩　）して、生活が便利になりました。

随着科技的进步，生活变得便捷了。

➡2 「進行」は、バスや電車など乗り物が目的地点に向かっていくことや、活動や作業などが進むという意味です。「進歩」は、物事が前よりもよいほうへ進んでいくことです。技術が前よりよいほうに進むという意味なので「進歩」が適当です。

3) 壊れた機械を（　3　修理　）してもらいました。

我请人修理了坏掉的机器。

4) みんな集まったら、（　1　作業　）を始めましょう。

大家到齐之后我们就开始工作吧。

5) ごみを（　2　処理　）するのにも、お金がかかります。

处理垃圾也需要花费金钱。

2.　1) 2　たしかめます
来週のスケジュールを確認します。

核对一下下周的工作日程。

2) 2　つかって
この工場ではさまざまな機械を使用しています。

这家工厂使用各种各样的机器。

3.　1) 3　この製品のいちばんの特長を教えてください。

请告诉我这款产品最主要的特色。

➾ 1は「とても<ruby>大<rt>おお</rt></ruby>きいので」、2は「<ruby>特急<rt>とっきゅう</rt></ruby>」、4は「<ruby>特別<rt>とくべつ</rt></ruby>」で、「<ruby>特別<rt>とくべつ</rt></ruby>な<ruby>方法<rt>ほうほう</rt></ruby>」とすると、<ruby>正<rt>ただ</rt></ruby>しい<ruby>文<rt>ぶん</rt></ruby>になります。

2) 2　よく<ruby>聞<rt>き</rt></ruby>こえないので、テレビの<ruby>音<rt>おと</rt></ruby>を<ruby>調節<rt>ちょうせつ</rt></ruby>しました。

我听不清楚，所以调整了电视的音量。

➾ 「<ruby>調節<rt>ちょうせつ</rt></ruby>」は<ruby>大<rt>おお</rt></ruby>きさ、<ruby>長<rt>なが</rt></ruby>さ、<ruby>高<rt>たか</rt></ruby>さなどをちょうどいい<ruby>状態<rt>じょうたい</rt></ruby>にしたり、<ruby>合<rt>あ</rt></ruby>わせたりするという<ruby>意味<rt>いみ</rt></ruby>です。「<ruby>調節<rt>ちょうせつ</rt></ruby>する」を、1は「やり<ruby>直<rt>なお</rt></ruby>す」、3は「<ruby>整理<rt>せいり</rt></ruby>する」、4は「<ruby>節約<rt>せつやく</rt></ruby>する」とすると、<ruby>正<rt>ただ</rt></ruby>しい<ruby>文<rt>ぶん</rt></ruby>になります。

4.　1) 3　　2) 3

5.　1) 2　　2) 4

---

17 回目　　　　　　　　　　　　　　　　　p.34 〜 p.35

やってみよう

1) <ruby>営業<rt>えいぎょう</rt></ruby>　　2) <ruby>済<rt>す</rt></ruby>ませる　　3) <ruby>引<rt>ひ</rt></ruby>き<ruby>受<rt>う</rt></ruby>けて　➾「<ruby>受<rt>う</rt></ruby>け<ruby>取<rt>と</rt></ruby>る」➡22<ruby>回目<rt>かいめ</rt></ruby>

4) <ruby>責任<rt>せきにん</rt></ruby>

I.　1) <ruby>父<rt>ちち</rt></ruby>は<ruby>社長<rt>しゃちょう</rt></ruby>で、<ruby>会社<rt>かいしゃ</rt></ruby>を（　2　<ruby>経営<rt>けいえい</rt></ruby>　）しています。

我父亲是总经理，经营一家公司。

2) 1<ruby>週間<rt>しゅうかん</rt></ruby>（　1　<ruby>休暇<rt>きゅうか</rt></ruby>　）を<ruby>取<rt>と</rt></ruby>って、<ruby>家族<rt>かぞく</rt></ruby>と<ruby>旅行<rt>りょこう</rt></ruby>に<ruby>行<rt>い</rt></ruby>きます。

我打算休一周假，和家人一起去旅行。

3) あさってから10<ruby>日間<rt>かかん</rt></ruby>、<ruby>仕事<rt>しごと</rt></ruby>で<ruby>海外<rt>かいがい</rt></ruby>に（　3　<ruby>出張<rt>しゅっちょう</rt></ruby>　）することになりました。

从后天开始我要去国外出差十天时间。

4) <ruby>夏休<rt>なつやす</rt></ruby>みに<ruby>海外旅行<rt>かいがいりょこう</rt></ruby>がしたいので、インターネットで（　2　<ruby>情報<rt>じょうほう</rt></ruby>　）を<ruby>集<rt>あつ</rt></ruby>めます。

暑假期间我打算去国外旅行，所以要在互联网上收集信息。

5）この店は朝10時から夜8時まで（　1　営業　）しています。

这家店的营业时间是从早上10点到晚上8点。

2.　1）3　事務所

田中さんは今<u>オフィス</u>にいます。

田中现在在办公室。

2）2　同じ会社の人

彼はわたしの<u>同僚</u>です。

他是我的同事。

3.　1）2　1時間も寝坊して、会議に<u>遅刻</u>しました。

我睡了一个小时懒觉，开会迟到了。

✧「遅刻」は、人が、学校や会社や待ち合わせなどの決められた時間に遅れるという意味です。1、3、4は遅れたのはそれぞれバス、時計、作業で、人ではありません。「遅刻する」を、1、3、4は「遅れる」とすると、正しい文になります。

2）1　この<u>書類</u>に住所と名前を書いてください。

请在这份文件上填写住址和姓名。

✧2は「文房具：文具」、3は「資料：资料」、4は「本」とすると、正しい文になります。

4.　1）2　　2）2

5.　1）2　　2）1

やってみよう
1) 倍　　2) 減り　　3) 増えた　　4) 最高　　5) 大量

I.　1) 今年の夏はいろいろなところに行けて、（　1　最高　）に楽しかった。

今年夏天我去了很多地方，极其开心。

2) 留学生はこの学校の学生の 20 パーセントを（　2　占めて　）います。

留学生占这所学校学生人数的百分之二十。

3) 町の人口が約半分に（　4　へりました　）。

城市的人口大约减少到了原来的一半。

4) 20 年前に比べて、企業の数が（　2　倍　）になりました。

与 20 年前相比，企业的数量增加了一倍。

5) この地図を見れば、町（　3　全体　）の様子がわかります。

看地图可以了解整座城市的情况。

2.　1) 3　残った

お金があまったので、貯金しました。

我有了多余的钱，所以存起来了。

2) 3　ひどい

あの人は最低な人です。

那个人是人渣。

3.　1) 4　社長の意見に反対する社員は全体の半分を占めています。

对总经理的主张持反对意见的职员占一半。

➡「占める」は全体の中で、それがどのぐらいある／いるか、という意味です。

1は「かかります」、2は「持って」、3は「占って：占卜」とすると、正しい文になります。

2) 1 その木の高さは3メートル程度です。

那棵树高约 3 米。

➡「～程度」は「～くらい／ぐらい」と意味が似ています。「～程度」は「1メートル程度」「5分程度」のように基準になる大きさ、長さ、高さ、強さ、重さ、多さ、レベルなどを表す言葉といっしょに使います。2は「少し」「適当」、3と4は「ごろ」とすると、正しい文になります。

4. 1) 4 ➡ 1「数」、2「缶」、3「袋」　2) 3

5. 1) 2　2) 2

やってみよう

1) 辺り ➡「辺り」と「近所」はどちらも近いところという意味ですが、例えば、「うちの辺り」は、うちとその周りです。「うちの近所」は、うちから近いところで、うちは入りません。

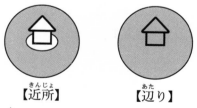

【近所】　　　　【辺り】

2) 側　3) 地下　4) 向き　5) がらがら

I. 1) この（ 2 辺り ）に郵便局はありませんか。

这附近有邮局吗?

2) コンサートの席は前から2（ 3 列 ）目です。

音乐会的座位是从前面数第二排。

3) 道に迷ったので、地図で駅の（ 1 位置 ）を確認しました。

我迷路了，所以看地图核实了车站的位置。

4) となりの人とできるだけ（　3　間隔　）を空けて座ってください。

就座时请尽量与旁边的人保持距离。

5) 休みの日は子どもといっしょに公園を（　4　ぶらぶら　）散歩します。

放假的时候我和孩子一起去公园悠闲地散步。

➜「ぶらぶら」は特に目的がなく、ゆっくり歩いている様子です。

2. 1) 4　すいていました

昨日行ったレストランはがらがらでした。

昨天我去的那家餐馆空荡荡的。

2) 4　場所

いすとテーブルの位置を決めました。

我确定了椅子和桌子的摆放位置。

3. 1) 2　この地方の習慣を知らないので、教えてください。

我不了解本地的风俗习惯，请告诉我。

➜「地方」は、「この地方の文化」、「この地方の経済」のように、家の近所や一つの町よりも広い範囲の土地を表すことが多いです。1は「南の地方」を「南側」、3は「場所」、4は「地下」とすると、正しい文になります。

2) 3　初めての町で道がわからなくて、うろうろしました。

在第一次到访的城市，因为不认识路，我迷茫徘徊。

➜「うろうろ」は、どこへ行ったらいいか、わからなくて迷っている様子です。1は「ぶらぶら」、2は「ふらふら」、4は「どきどき」とすると、正しい文になります。

4. 1) 3　　2) 3

5. 1) 1　➜3「回（カイ、まわ・す、まわ・る）」➜28回目　　2) 2

1. 1) 5歳のとき、家が火事になったが、（　3　当時　）のことはあまり覚えていない。

我5岁时家里发生了火灾，但当时的情形我记不清了。

2) 学生の夏休みのように、（　4　長期　）の休みが取れたら何をしたいですか。

要是能像学生休暑假一样休个长假，您打算做什么呢?

3) だんだん空が明るくなって、夜が（　1　明けて　）きた。

天空渐渐明亮了起来，天亮了。

➡「夜が明ける」は、朝になり、空が明るくなっていく様子です。「夜が明ける」とも言います。

4) わたしの仕事は、土日は休みですが、（　3　平日　）はとても忙しいです。

我的工作虽然周末休息，但是平时非常忙。

➡「土日」とは、「土曜日と日曜日」という意味です。

5) 失敗しないように、（　2　今後　）の計画をもう一度考えましょう。

为了避免失败，你重新考虑一下今后的打算吧。

2. 1) 3　その日

大切なテストがあったのに、当日寝坊してしまって受けられなかった。

虽然有个重要的考试，但是考试当天我睡过头了，最终没能参加。

2) 3　過ぎる

時間がたつのを忘れるぐらい、この本はおもしろいですよ。

这本书很有趣，阅读时你都会忘记时间。

3. 1) 1　もう9時なので、そろそろパーティーはおしまいにしましょう。

已经9点了，派对该结束了吧?

➡2は「売り切れ：售罄，没有库存」、3は「締め切り」、4は「最後」とすると、正しい文になります。

2) 3 開会式が始まる<ruby>時刻<rt>じこく</rt></ruby>は、午後2時だそうです。
<ruby>開会式<rt>かいかいしき</rt></ruby>が<ruby>始<rt>はじ</rt></ruby>まる

听说开幕式是下午2点开始。

� 1は「<ruby>期間<rt>きかん</rt></ruby>」、2は「<ruby>時間<rt>じかん</rt></ruby>」、4は「<ruby>間<rt>あいだ</rt></ruby>」とすると、<ruby>正<rt>ただ</rt></ruby>しい<ruby>文<rt>ぶん</rt></ruby>になります。

4. 1) 3 ➡ 1「<ruby>時間<rt>じかん</rt></ruby>」、2「<ruby>時期<rt>じき</rt></ruby>」、4「<ruby>事故<rt>じこ</rt></ruby>」

2) 2

3) 1 ➡ 2「<ruby>遅<rt>おく</rt></ruby>れる」、3「<ruby>疲<rt>つか</rt></ruby>れる」、4「<ruby>呼<rt>よ</rt></ruby>ぶ」➡ 24<ruby>回目<rt>かいめ</rt></ruby>

4) 1 ➡ 2「<ruby>休暇<rt>きゅうか</rt></ruby>」、3「<ruby>時間<rt>じかん</rt></ruby>」、4「<ruby>季節<rt>きせつ</rt></ruby>」

5. 1) 1   2) 3 ➡ 1～4「<ruby>在<rt></rt></ruby>（ザイ）」

3) 2 ➡ 3「<ruby>記<rt></rt></ruby>（キ、しる・す）」

4) 2

21 回目 p.42～p.43

やってみよう

1) <ruby>取<rt>と</rt></ruby>れない   2) かけた   3) <ruby>当<rt>あ</rt></ruby>たって   4) <ruby>振<rt>ふ</rt></ruby>られた

I. 1) <ruby>今度<rt>こんど</rt></ruby>の<ruby>土曜<rt>どよう</rt></ruby>は<ruby>都合<rt>つごう</rt></ruby>が（ 2 <ruby>付<rt>つ</rt></ruby>いた ）から、ボランティアに<ruby>参加<rt>さんか</rt></ruby>することにした。

本周六我时间方便，所以决定参加志愿者活动。

2) <ruby>試験合格<rt>しけんごうかく</rt></ruby>という<ruby>目標<rt>もくひょう</rt></ruby>を（ 3 <ruby>立<rt>た</rt></ruby>てて ）<ruby>勉強<rt>べんきょう</rt></ruby>している。

我定下了通过考试的目标，正在备考。

3) <ruby>選手<rt>せんしゅ</rt></ruby>は<ruby>試合<rt>しあい</rt></ruby>の<ruby>後<rt>あと</rt></ruby>、<ruby>応援<rt>おうえん</rt></ruby>してくれた<ruby>人<rt>ひと</rt></ruby>たちに<ruby>手<rt>て</rt></ruby>を（ 2 <ruby>振<rt>ふ</rt></ruby>った ）。

比赛结束后，运动员们向给自己加油的人挥手致意。

4) あしたは3<ruby>時<rt>じ</rt></ruby>からの<ruby>会議<rt>かいぎ</rt></ruby>に（ 4 <ruby>出<rt>で</rt></ruby>なければ ）なりません。

我必须参加明天下午3点的会议。

➡ <ruby>会議<rt>かいぎ</rt></ruby>に<ruby>出<rt>で</rt></ruby>る＝<ruby>会議<rt>かいぎ</rt></ruby>に<ruby>出席<rt>しゅっせき</rt></ruby>する

5) 駅の前で、女の人がこの紙を（　1　配って　）いましたよ。

在车站前面，一位女子正在发这张纸。

2. 1) 2　卒業して

わたしの父は、学校を出てから 40 年働いているそうです。

听说我的父亲从学校毕业后工作了 40 年。

2) 2　考えました

友達と京都に行く計画を立てました。

我计划和朋友一起去京都。

3. 1) 1　ソファーで寝ている弟に、毛布をかけた。

弟弟睡在沙发上，我给他盖了毛毯。

➥ 2 は「しまって」、3 は「まとめて」「分けて」、4 は「入れた」とすると、正しい文になります。

2) 3　友達が投げたボールが、体に当たってしまって痛い。

朋友投过来的球打到了我身上，很疼。

➥ 1 は「もらった」、2 は「たたいて（➡22 回目）」、4 は「就職して」「入って」とすると、正しい文になります。

4. 1) 1　➥ 2「浮く」、3「拭く」、4「置く」

2) 3　➥ 1「切る」、2「配る」、4「持つ」

5. 1) 1　➥ 2「記（キ、しる・す）」　2) 4

22 回目　　　　　　　　　　　　　　　　　　　p.44 〜 p.45

I. 1) 学校から（　3　受け取った　）書類をなくしてしまった。

我把从学校领取的文件弄丢了。

2) 彼は足を（　3　組んで　）いすに座った。

他翘着腿坐在椅子上。

3) 犬が庭におもちゃを（　1　うめて　）います。

小狗正在把玩具埋到院子里。

4) あそこの公園の運動場は、周りを木に（　2　かこまれて　）います。

那边公园里的运动场四周被树木包围。

2. 1) 3　遠いところに行って

生まれた町から離れて、生活しています。

我离开了老家，在外地生活。

2) 2　誰にも見られないように、しまった

テストの結果がよくなかったので、かばんに隠した。

我考试考得不太好，所以把卷子藏在书包里。

3. 1) 3　庭に穴を掘ってから、木を植えましょう。

在院子里挖个坑种上树吧。

➡ 1は「出して」、2は「壊して」、4は「開けて」とすると、正しい文になります。

2) 3　夜遅くに、急にドアをたたく音がしてびっくりした。

深夜里突然响起了敲门声，我吓了一跳。

➡ 1は「押す」、2は「ぶつかった：撞上，碰撞」、4は「蹴って：踢」とすると、正しい文になります。

4. 1) 2　➡ 1「遊ぶ」➡30回目、3「叫ぶ」➡24回目、4「呼ぶ」➡24回目

2) 3　➡ 1「決める」、2「見せる」、4「知る」

3) 4　➡ 1「宿題」、2「練習」、3「目的」➡27回目

4) 1　➡ 2「靴」、3「皿」、4「服」

5. 1) 2　2) 1　➡ 1～4「留（ル、リュウ）」

3) 3　4) 1　➡ 3「細（サイ、ほそ・い）」

I. 1) 10年後、自分がどんな生活をしているか全く（ 3 想像 ）できない。

我完全无法想象自己10年后的生活。

2) みんなに言われてやっと、彼は自分の間違いを（ 3 認めた ）。

被大家说了之后他才终于承认了自己的错误。

3) あの人が話したことはうそだったのに、全員が（ 2 信じて ）しまった。

他说的是谎话，但大家却相信他。

4) 父は病気になったとき、もうたばこは吸わないと（ 2 決心 ）したそうだ。

听说父亲生病后就下定决心再也不抽烟了。

5) 家族が見ているテレビが気になって、宿題に（ 1 集中 ）できない。

我被家人看的电视所吸引，无法集中注意力做作业。

2. 1) 2 考え

みんなの意見をまとめて、レポートを書いた。

我把大家的想法整理了一下，写成了报告。

2) 1 アイディア

来月のパーティーについて、二つか三つ、案を考えましょう。

下个月的派对要想好两到三个方案。

➾ 3「メニュー：菜单」

3. 1) 4 他の人の言うことをすぐに疑うのはよくないよ。

对他人的话语马上产生怀疑，这是不好的。

➾ 1は「思います」、2は「注意した」、3は「迷って」とすると、正しい文

になります。

2) 3 話さないと約束していたのに、他の人にうっかり話してしまった。

虽然约好了不说出去，但我还是一不留神告诉了别人。

✦「うっかり」は「注意が足りなくて、あまり考えないで」何かしてしまったときに使います。1、2、4は「しっかり」とすると、正しい文になります。

4. 1) 2　2) 1　✦2「知る」、3「迷う」、4「分かる」

3) 4

4) 4　✦1「返す」、2「直す」、3「戻す：放回，还原」

5. 1) 1　2) 3　3) 2

4) 1　✦1～4「側（ソク、がわ）」、4「表（ヒョウ、あらわ・す、おもて）」
➔24回目

24 回目
p.48 〜 p.49

I. 1) 彼が学校を辞めるという（　3　うわさ　）が、学校中に広がっている。
学校里流传着他要辞职的谣言。

2) 今晩、卒業後のことについて、両親と（　3　話し合う　）つもりだ。
今晚我打算和父母商量一下毕业后的出路。

3) 大学で、学生たちがボランティアへの参加を（　4　呼びかけて　）いた。
在大学里，学生们曾经一直呼吁人们参加志愿者活动。

4) 歌が下手だと言ったのは、ただの（　3　じょうだん　）のつもりだったんです。
我原本只是想开个玩笑，说歌唱得不好。

5) 自分の気持ちを言葉で（　1　表す　）のは、難しいです。
很难用语言表达自己的心情。

2. 1) 2　とても上手だ
あの人はフランス語がぺらぺらだそうですよ。
听说他法语流利。

135

2) 3 教えて

ここまでできたら、報告してくださいね。

完成到这一步的话请告诉我。

✣「報告する」は、あることをするように言われた人が、今の状態や結果を伝えることを表します。

3. 1) 3 大学に合格できなかったわたしを、母は優しく慰めてくれた。

我没有考上大学，母亲体贴地安慰了我。

✣1は「片付けた」、2は「楽です」、4は「休ませましょう」とすると、正しい文になります。

2) 2 となりの家のおじいさんが、いたずらをした男の子を怒鳴った。

邻居家的老爷爷呵斥了调皮的男孩儿。

✣1は「歌って」、3は「サイレンを鳴らし：鸣警笛」、4は「叱られた」「注意された」とすると、正しい文になります。

4. 1) 2   2) 4

3) 2 ✣1「褒める」、3「決める」、4「叱る」

4) 4 ✣1「申し込む」、2「選ぶ」、3「叫ぶ」

5. 1) 1   2) 2   3) 3 ✣1～4「報（ホウ）」   4) 1

25 回目   p.50 ～ p.51

やってみよう

1) 説明   2) 仕事   3) 光   4) 色

I. 1) いい生活をしている人が（ 1 うらやましい ）です。

我羡慕那些生活幸福的人。

2) ここは（ 4 緩い ）坂だから、自転車でも簡単に登れる。

この坡道很缓，骑自行车也能轻松爬上。

3) あの人は（　1　おとなしくて　）、クラスの友達ともあまり話しません。

那个人很沉稳，和班里的朋友也不太说话。

4) 空が暗くなって、急に（　4　はげしい　）雨が降ってきた。

天空暗下来，突然下起了暴雨。

5) 昨日はサッカーの試合に負けて、とても（　1　くやしかった　）。

昨天足球比赛输了，我非常不甘心。

2. 1) 2　よく切れる

このナイフは鋭いので、使うときに気をつけてください。

这把刀很锋利，使用时请小心。

2) 1　お金がなかった

小さいころから、彼女の家は貧しかった。

从小时候开始，她家就很贫穷。

3. 1) 3　窓から入る光がまぶしいので、カーテンを閉めましょう。

从窗户射入的光线太刺眼，拉上窗帘吧。

✦1と4は「明るい」、2は「光っていて」とすると、正しい文になります。

2) 1　太ってしまったから、去年のスカートがきつくて、はけません。

我长胖了，去年的裙子变紧了，穿不进去了。

✦2は「固く」、3は「強くて」、4は「ぴったりだった：正合适」とすると、正しい文になります。

4. 1) 2　✦1「親しい」、3はひらがなで書きます。4「鋭い」

2) 2

5. 1) 4　2) 1

26 回目　p.52～p.53

やってみよう

1）人　2）問題　3）野菜　4）坂

1.

1）歩くだけの（　3　単純な　）運動でも、健康にいいですよ。

即使是纯粹走路这样的简单运动也有益于身体健康。

2）この仕事は少し（　4　面倒　）なので、みんなで分けたほうがいいと思う。

这个工作有点儿费事儿，最好大家一起分担。

✐「面倒な仕事」というのは、するのに時間がかかったり、大変だったりする仕事のことです。

3）（　2　急な　）用事ができてしまったので、あしたは休ませていただきます。

我有急事，明天请假。

4）これはわたしが直接確認した、（　3　確かな　）情報です。

这条信息我亲自核实过，是准确的。

5）色もデザインも派手じゃない、（　4　シンプルな　）服が好きです。

衣服不管是颜色还是设计，我都不喜欢花哨的，而喜欢朴素的。

✐ 3「オーバーな」➔29回目

2.

1）3　ぜんぶの

やせようと思って、あらゆる方法を試してみたが、だめだった。

我想减肥，尝试了所有方法，结果还是不行。

2）1　うそをつかないで

自分の間違いに気がついたら、正直に言ってください。

发现自己的错误的话，请坦白地说出来。

3.

1）2　新しい商品がぜんぜん売れないことは、重大な問題です。

新商品完全卖不动，这是个严重的问题。

➡ 「重大」は「非常に大きな」という意味ですが、「問題・責任・事件」などが普通ではなく、大変な結果になるかもしれないことに使います。「重大な」を、1は「大事な」、3は「重い」、4は「大きい」「背が高い」とすると、正しい文になります。

2) 3 今日の主なニュースをお知らせします。

下面播报今天的主要新闻。

➡ 1は「にぎやか」、2は「重大」、4は「大切」とすると、正しい文になります。

4. 1) 2 2) 4

5. 1) 1 2) 2

27 回目 p.54 〜 p.55

やってみよう

1) たった 2) そっくり 3) ぼんやり 4) 積極的に 5) ずいぶん

I. 1) 20年前と比べて、この町は（ 2 ずいぶん ）大きくなったなあ。

与20年前相比，这座城市扩大了很多。

2) この後も部屋を使うので、エアコンは（ 4 そのまま ）つけておいてください。

之后我还要使用这个房间，空调请那样开着不要关闭。

3) 息子は（ 3 たった ）半年の間に5センチも背が高くなった。

仅仅半年时间儿子就长高了5厘米。

4) 今年は（ 2 絶対に ）試験に合格したいので、がんばって勉強しないと。

我今年一定要通过考试，因此必须努力学习。

5) 今夜は勉強するということは、（　4　つまり　）映画は見ないということですね。

今晚要学习，也就是说不看电影了，是吧？

2. 1) 2　さっぱり

今日のテストは難しくて、全くわからなかった。

今天的考试太难了，我一点儿都不会。

2) 3　静かに

彼は部屋からそっと出ていった。

他悄悄地从房间里走了出去。

3. 1) 1　わたしは、なるべく毎日、日本語を勉強するようにしています。

我尽量每天都坚持学习日语。

➟ 2は「一生懸命」、3は「だいたい」、4は「絶対に」とすると、正しい文になります。

2) 4　どの料理もとてもおいしくて、さすがプロの料理人ですね。

每一道菜都非常好吃，不愧是专业厨师。

➟ 1は「全く」、2は「たった」、3は「やはり」「やっぱり」とすると、正しい文になります。

4. 1) 2　　2) 2

5. 1) 3　➟ 4「宿（シュク、やど）」　2) 1　➟ 1～4「対（タイ、ツイ）」

28 回目　　　　　　　　　　　　　　　　　　p.56 ～ p.57

やってみよう

1) たまたま　　2) まあまあ　　3) ぐらぐら　　4) ばらばら

I. 1) 夕方になって、コンサート会場は（ 4 ますます ）人が多くなってきた。

到了傍晚，音乐会的会场中人越来越多。

2) 缶の中に小さい石が入っていて、（ 1 からから ）と音がします。

罐子里有小石头，发出咣啷咣啷的声音。

3) 準備に2か月かかったスピーチ大会が（ 3 いよいよ ）始まります。

花费两个月筹备的演讲大赛即将开始了。

4) いい天気だったのに、（ 4 突然 ）空が暗くなって、雨が降ってきた。

原本天气很好，突然天空暗了下来，下起了雨。

5) 天気予報によると、この雪は（ 3 まだまだ ）やまないらしい。

听天气预报说，这场雪还不会停。

2. 1) 3 やっと

病院で1時間待って、ようやく自分の番が来た。

在医院里等了一个小时，终于轮到了自己。

2) 4 前に

以前先生の家に伺ったときに、彼女と知り合ったんです。

以前我去老师家里拜访的时候，和她相识了。

3. 1) 2 新しいパソコンを買ったので、早速使ってみた。

我买了台新电脑，马上用用看。

➡「早速」は「何かがあってそのあとすぐに」という意味です。1、3は「早く」、4は「もう」とすると、正しい文になります。

2) 1 この町は、新しいビルが次々と建てられている。

这座城市里不断建起了新的建筑。

➡2は「どんどん」、3は「ずっと」、4は「よく」とすると、正しい文になります。

4. 1) 4　2) 4

5. 1) 3　2) 1

141

I. 1) あの店は、料理がおいしいし（　1　サービス　）もいいので人気がある。
  这家店饭菜好吃，服务也好，所以很受欢迎。

2) 高田さんが電話に出ないので、（　3　メッセージ　）を残しておいた。
  高田不接电话，所以我用短信给他留了言。

3) 日本語で（　3　コミュニケーション　）ができるようになって、うれしいです。
  我能够用日语和别人交流了，非常高兴。

4) マラソン選手が（　2　コース　）を間違えて、走っていってしまった。
  马拉松运动员跑错了路线。

5) テーブルといすの（　3　セット　）を買った。
  我买了整套的桌子和椅子。

2. 1) 3　取り消した
  仕事が入ってしまったので、病院の予約をキャンセルした。
  我被安排了工作，所以取消了医院的预约。

  ➡ 予約、約束、注文などをやめるときは、「取り消す」を使います。コンサートや試合などのイベントをやめるときは「中止する」を使います。

2) 4　始まる
  あと5分で、サッカーの試合がスタートする。
  再过5分钟足球比赛就开始了。

3. 1) 2　ワンさんは、スピーチで決められた時間を5分もオーバーした。
  小王的演讲比规定时间超出了5分钟。

  ➡ 1は「買い物がオーバーして」ではなく「たくさん買い物をして」「買い物をしすぎて」、3は「食事がオーバーしても」ではなく「たくさん食べても」「食べすぎても」など、4は「火がオーバーして」ではなく「火が強すぎて」とすると、正しい文になります。

2) 1 うちの近くに、新しいスーパーがオープンするらしい。

好像我家附近要新开一家超市。

➡「オープンする」を、2は「始まる」、3は「招待されていない人が入っても
いい」「無料」など、4は「切る」「開く」などとすると、正しい文になりま
す。

4. 1) 4 ➡1「押す」、2「貸す」、3「落とす」

2) 1 ➡2はひらがなで書きます。3「辛い」、4「白い」

3) 4 ➡1「教える」、2「覚える」、3「答える」

4) 4

5. 1) 2 2) 3

3) 2 ➡1、3「体」も「テイ」と読むことができます。

4) 4

30 回目 p.60～p.61

やってみよう
1) 試合 2) 印象 3) 切符

I. 1) あの歌手は人気があって、コンサートの（ 3 チケット ）がなかなか買え
ない。

那位歌手很受欢迎，他的音乐会门票很难买到。

2) 手をきれいに洗ってから、乾いた（ 2 タオル ）でふきました。

我把手洗干净之后用干毛巾擦了。

➡1「エアコン：空调」

3) 車の（ 2 カタログ ）を見ていたら、買いたくなってきてしまった。

我看了汽车的产品目录之后，想买汽车了。

4) ハメスが（ 2 キャプテン ）になってから、あのサッカーチームは強くなった。

143

哈美斯当上队长之后，那支足球队实力增强了。

　　➔ 3 「ダイエット：瘦身，减肥」、4 「ハンサム：潇洒，帅气」

5) もっと速く走れるように、毎日（ 4 トレーニング ）しています。

为了能够跑得更快，我每天坚持训练。

2. 1) 2 切符

チケットを持っていますか。

你有票吗?

2) 4 問題

わたしは最近、人間関係のトラブルで悩んでいる。

我最近因人际关系方面的不愉快而烦恼。

3. 1) 4 暑くなったので、子どもたちの髪を短くカットした。

天气变热了，所以我把孩子们的头发剪短了。

　　➔「カットする」を1は「おしまいにする」「おわりにする」、2は「消す」、3
　　は「首にされる：被开除，被辞退」とすると、正しい文になります。

2) 1 そのドレス、ちょっと変わったデザインですね。

那件礼服设计有点儿独特啊。

　　➔2と3は「計画」、4は「すてきなデザイン」とすると、正しい文になります。

4. 1) 2　　2) 1

5. 1) 1　　2) 1

問題 1

| 1 | 2 | | 2 | 2 | | 3 | 4 | | 4 | 3 | | 5 | 2 | | 6 | 3 | | 7 | 3 | | 8 | 4 |

問題 2

| 9 | 3 | | 10 | 2 | | 11 | 3 | | 12 | 2 | | 13 | 2 | | 14 | 4 |

問題 3

| 15 | 2 | | 16 | 4 | | 17 | 1 | | 18 | 1 | | 19 | 4 | | 20 | 2 | | 21 | 3 |

| 22 | 4 | | 23 | 2 | | 24 | 4 | | 25 | 2 |

問題 4

| 26 | 2 | | 27 | 2 | | 28 | 2 | | 29 | 1 | | 30 | 1 |

問題 5

| 31 | 1 | | 32 | 3 | | 33 | 4 | | 34 | 2 | | 35 | 2 |

索引―語彙―
索引：词汇

149

索引—漢字（読み）—
索引：汉字（按音序）

索引

漢字（読み）あ〜と

155

各回のイラスト

1回目	琵琶湖	（滋賀県）	16回目	坂本龍馬像	（高知県）
2回目	信楽焼	（滋賀県）	17回目	土佐犬	（高知県）
3回目	鈴鹿サーキット	（三重県）	18回目	みかん	（愛媛県）
4回目	伊勢志摩の真珠	（三重県）	19回目	鯛	（愛媛県）
5回目	奈良公園の鹿	（奈良県）	20回目	金刀比羅宮	（香川県）
6回目	東大寺の大仏	（奈良県）	21回目	桃太郎	（岡山県）
7回目	梅干し	（和歌山県）	22回目	マスカット	（岡山県）
8回目	たこ焼き・通天閣	（大阪府）	23回目	鳥取砂丘	（鳥取県）
9回目	漫才	（大阪府）	24回目	梨	（鳥取県）
10回目	五山の送り火	（京都府）	25回目	出雲大社	（島根県）
11回目	舞妓	（京都府）	26回目	石見銀山	（島根県）
12回目	姫路城	（兵庫県）	27回目	厳島神社	（広島県）
13回目	神戸港	（兵庫県）	28回目	お好み焼き	（広島県）
14回目	鳴門海峡	（徳島県）	29回目	瓦そば	（山口県）
15回目	阿波踊り	（徳島県）	30回目	ふぐ	（山口県）